歩く

増補改訂版

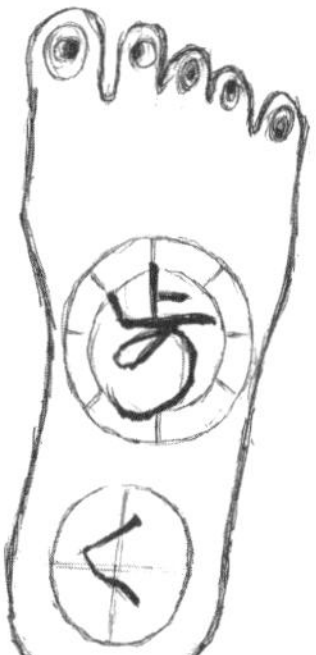

郡司正勝

郡司正勝（1913－98）

「歩く」公演。1997

「歩く」稽古風景。1997

ポーランド・クラクフある小劇場「テアトル・ストゥ」入口で開場を待つ著者。1997. 6. 26

クラクフ公演（日本芸術・美術センター）終演後。1997. 6. 24

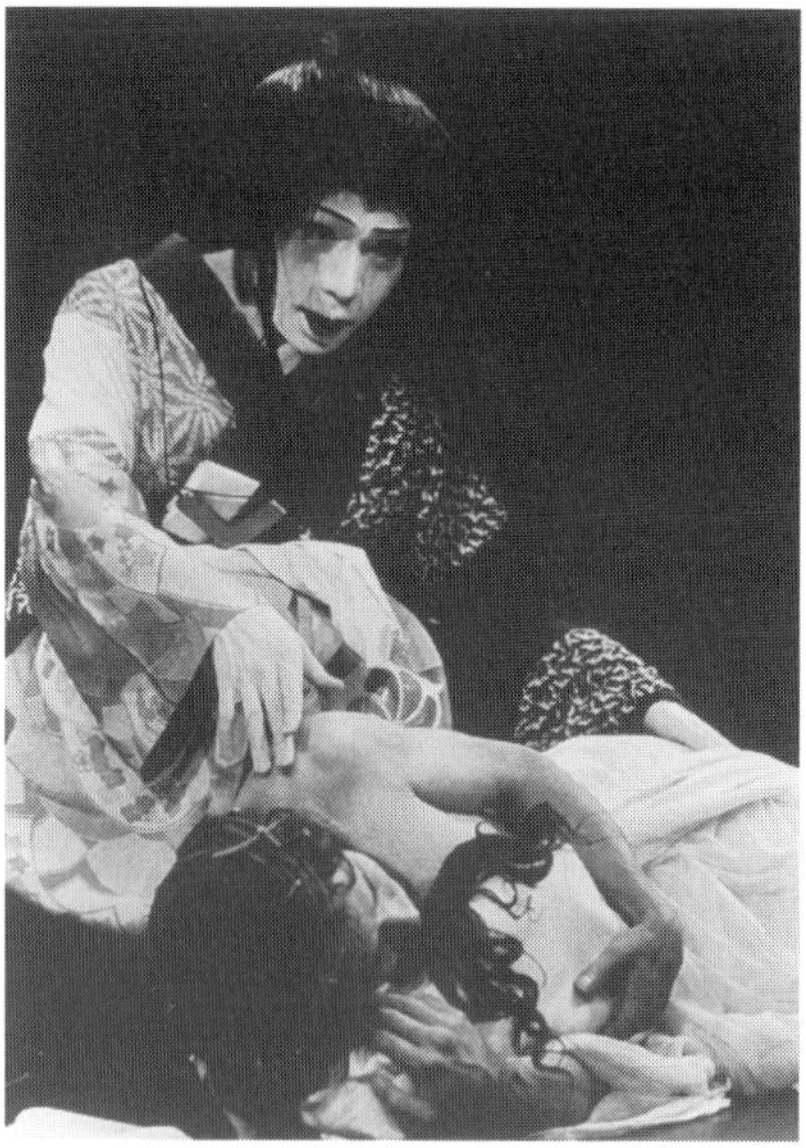

「青森のキリスト」公演。右、和栗由紀夫　左、中村京蔵　一九九五

写真はいずれも矢島克仔

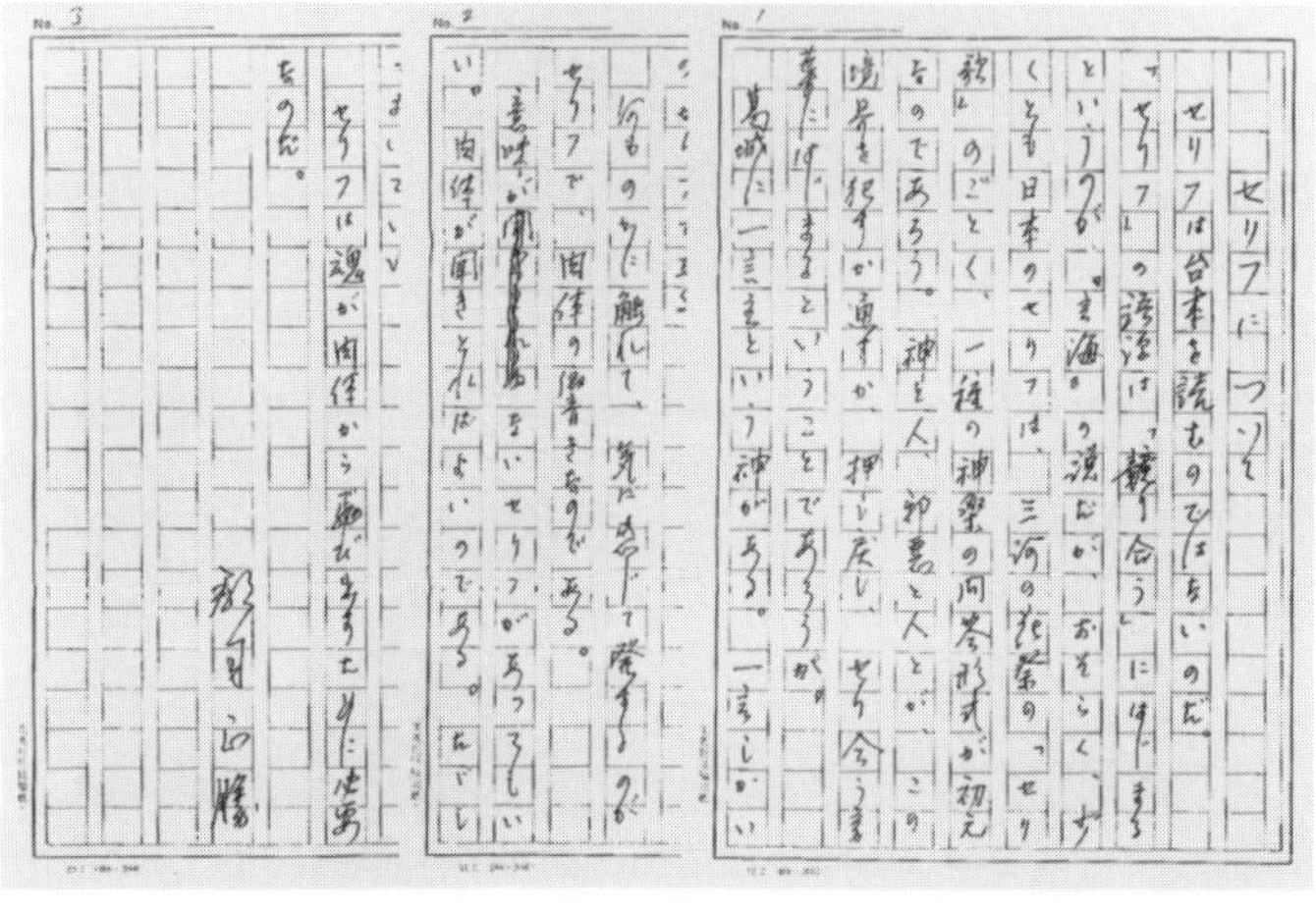

No. 1

セリフについて

セリフは台本を読むものではないのだ。
「セリフ」の語源は「競り合う」にはじまる
というのが「言海」の説だが、おそらく、すくなくとも日本のセリフは、三河の花祭の「せり
歌」のごとく、一種の神楽の問答形式が初元
なのであろう。神と人、神霊と人とが、この
境界を犯すか通すか、押し戻し、せり合う言
葉にはじまるということであろうが、
葛城に一言主という神がある。一言し[illegible]

No. 2

[illegible]
何ものかに触れて、一気に迸って発するのが
セリフで、肉体の痛苦なのである。
意味が[illegible]ないセリフがあってもい
い。肉体が聞きとればよいのである。ただし

No. 3

[illegible]
セリフは魂が肉体から遊びだすために必要
なのだ。

郡司正勝

自筆原稿

歩く　目次

グンジのびっくり桶　GUN-MASA in the box

来る日も「歩く」

かぶき考

グンジのびっくり桶《おけ》

GUN-MASA in the box

舞台は

行動を探し求めること、身体を捜す旅に出ること、舞台は、その踏み台、飛び箱台でありたい。

少なくとも舞台とは、出来上がったものを上演するところ、陳列台にはしたくないというのが念いである。

行動する者も観る者も、しばらくは生命を、魂を預からせてもらう。身体（からだ）を空（から）にしてしまう空間。そういう仕掛け箱でありたい。

能舞台には、現実という俗界の自分を脱ぎ捨て、劇的人間像に乗り移る鏡の間という空間が仕掛けられている。すぐれた設計だったとおもう。

そういう仕掛けを失ったわれわれは、現代という舞台のなかで、なにを仕掛けとして、現実を超克していったらよいのか。

飛び立つ空間を見つけたい。現実に光りの穴を明けたい。清らかな息（呼吸）をしたい。

翌日《あす》のない朝に飛び立つのは嫌だ。舞台は墓場ではない筈だ。舞台を墓場にはしたくない。飛び立つことを忘れた舞台は舞台ではなかろう。

俳優

刻々に死んでゆくこと、これしか人間には残された徑はない。

人体といい、肉体といい、身体といい換えても、みなボディという物体にすぎない。

そうなりたくないから、装う、餝《かざ》る、包む、着る、付ける。

そして夢見る。それを生きている証據とする。

ただし夢は一夜のもの、一夜の幻にすぎない。また、すべての夢が素晴らしいとは限らない。そこで、一夜の価値ある夢のために、俳優というものが存在するということになろう。俳優のボディは一夜のよい夢のために用意されねばならない。

よい夢を作らせ、よい夢を売りつけるのが、本当の意味の死の商人ということができよう。

人々がよい俳優を待っているのは、生きるための死の商人をつねに待っているということなのである。

そうでなければ、芸術売買する山師の輩というしかあるまい。

危ういかな、俳優の道。

演劇

演劇の起源が呪術だとすれば、いちおうの解決はするが、呪術がなぜ肉体を撰んだかということには問題が残る。

原始人に聴いてみればなんでもないことでも、現代の教養人には、学問が邪魔して迷路になる。

日本語の「からだ」は、九穴をもった魂の入れものとしての肉袋だとすれば、神も悪魔もいろいろな霊が出入りするから、演劇の起こりに魂のうごめきを感じることができるが、どうして人間だけが演劇するのだろうかというと、あるいは必ずしも演戯は人間だけでないかも知れない。

人間の勝手な理論は、間違いを犯すために永久に続くのだろうとおもう。

とにかく身体にゆさぶりをかけてみるしかないのではないか。

演劇は罠なのだ。

再び俳優について

人世は残酷か。ならば演劇も惨酷であろう。演劇とは、惨酷を楽しみに変える方法か。

その純粋な形は人形芝居であろう。俳優とは生身《いきみ》の人形になること。腸《わた》もちの人形ということであろう。惨酷を滑稽化するのは、悲劇人にしてピエロ。俳優とはそのこと。さすがに中国は、老大国である。「俳優」という字を創り出した。

日本で俳諧という楽しみごとは、もと、滑稽、たわむれごとの意。滑稽なたわごととして発し、俳句を育てた。芭蕉は、そのなかで悲劇性を知覚して、寂《さ》びの世界へ導いた。俳句を演じたのである。彼も一箇の俳優であったといえる。

「俳」は、「人に非《あら》ず」という字でもある。人は、天使か悪魔か区別したがるが、俳優にとってはどちらでも同じことなのである。

日本では「道化」という。禅家でいう「道外」で、道を外れたものの意が元《もと》で、外れた者が、はじめて道を認識することが出来る。ただし、その時はもう遅い。人世はその繰り返しであろう。

俳優は「道外師」であらねばならない。心優《やさ》しき惨酷人のことである。

セリフについて

セリフは台本を読むのではないのだ。

「セリフ」の語源は「競り合う」にはじまるというのが『言海』の説だが、おそらく、少くとも日本のセリフは、三河の花祭の「セリ歌」のごとく、一種の神楽の問答形式が初元なのであろう。神と人、邪悪と人とが、この境界を犯すか通すか、押し戻し、競り合う言葉にはじまるということであろうか。

葛城に一言主という神がある。一言しかいわぬが絶大なる威力を発揮する。能に「べしみ」(面)がある。黙することもまた言葉の力なのだ。

大野一雄さんの舞踏は、魂の、優しい語りかけで動き出すので、音声ではないが、肉体のセリフである。何ものかに触れて、気に感じて発するのがセリフで、肉体の響きなのである。

意味がないセリフがあってもいい。肉体が聞きとればよいのである。ただしストーリィが展開するためには意味が必要であるが、意味がわかったから、事件が解決し、あるいは展開するわけではないことは肝に銘じておいていい。

セリフは魂が肉体から飛び出すために必要なのだ。

表現について

表現するということは捨てることである。
捨てる瞬間に、舞台の表現は立ち上る。
表現するものを、何を捨てるか、どう捨てるかが、
その精神と行動である。
それは、日常のリアリティのことではない。舞台
という空間、次元の世界のことである。空間という
と、あまりにも用語的概念語となってしまったから、
「空」と置き換えた方がいいのかも知れない。あるい
は「気」でも「無」でも「間」でもよい。やはり同じ

ことか。

とにかく、その空間を生きること、生れることである。

それは、その瞬間にみせる「生きること」の幻影であろう。「生死一如」と仏教ではいうが、生と死は、別々の存在でなくて、生と死が、一瞬、一つであることの証明を舞台の上で、表現というかたちで実現させることで、表現ということは、生きたまま死に、その瞬間に生れるものの一瞬のキラメキをいうのではないか。

テーマは、その仕掛けにすぎない。

変身の価値

「役者」という語は、芸能の役目を勤める者の中世語である。

神にもっとも近い存在で、変身を遂げる能力をもつ者の謂で、これは訓練だけで到達することができるものではなく、神によって選ばれた者のみが、資格を有するのである。もっとも修業と訓練によってその能力が発掘されることはあり得る。

その媒体としての肉体は、外から風化されるものと、内面から変化を遂げるものと二面性がある。俳優は、外からの訓練と、より深く魂の深淵に関与して変身を遂げるものである。

われわれは、その内面を外容の変身を覗くことのできる穴を眼窩の光によって確めることができる。名優か凡優かは、その眼の生きているか死んでいるかできまる。聴覚も触覚もそれを離れては存在することを得ない。

それはきわめて動物的な感覚と神聖な啓示をキャッチする能力を必要とするということである。

俳優は「聖」と「俗」、「貴」と「賎」に通じ、しばしば冥界とも往来することができるのだから、社会人ということはできない。活社会を写すときは社会人になりきらねばならなぬが、舞台芸術を売買するのは興行師の分野で、俳優の仕事ではない。

俳優が社会人に組入れられると、人間国宝とか一級俳優とかになるが、これは芸術家放れを意味する。舞台芸術の衰える徴候というべきか。

初心ということ

想は高く、眼は低くというのが、わがモットーである。想は高すぎるということはなく、眼は低くすぎるということはない。

天使は高いところほど、低い地上がみえてくる。

舞台は、その象徴的空間といえよう。すべて演出の仕事は、幕が下りたところからはじまる。つまり人生の裏側をめくるところからはじまるのである。

芸は初心に戻れと世阿弥がいったが、戻るほど遠く、高く揚らなければ、戻るという行為の意味はあり得ない。

初心に問題があるのではない。いつまでも初心に止まっていては困るのである。戻るほど来てみて、はじめて初心に戻る意味があるのである。いつまでも初心ばかりでは戻るところがない。戻るという行為に深い意味が生じるのである。

肉体は盲目だから、初心が必要なのである。肉体を訓練するのは心なのである。

「才能のない者は芸術の世界では辛抱されるわけにはいかないのです」（アンデルセン）

「切れ」と「立ち上り」

いま、舞台芸術は、肉体と表現という概念に
捕らわれすぎる。
肉体はもう一度　土方巽に帰って、
死体が立ち上る想念から
はじめるべきではないのか。
肉体は表現のためにあるのではなく、
「立ち上る」ためにあるのだ、ということである。
肉体はほんとうに「表現」ということを
することができるのかどうか。

たゞカルシュームの固形と靭帯を繋いでいるだけではないのか。「表現」などできるはずがない。

「表現」というのは、肉体がたんに生活の説明をするためにあるのか、生きるために　嘘をつくためにあるのではないか。

「舞台芸術」とは、その嘘をはぎとってみせることではなかったのか。


本音を表現するためには、われわれは死体から「立ち上る間」の、時間空間の「切れ」めを与えられているだけではないのか。

表現の「切れ」によって、われわれは立ち、

「切れ」があることを発見して
われわれは「立ち上る」ことができるのではないか。
舞台とは、その立ち上る姿を
みることではないのか。

「セリフ」と「言葉」とはちがうのと
同じことである。「表現」と「肉体」も
ちがうのである。

シアターX「ニューズレター」第19号〜第27号
一九九六年〜一九九八年

来る日も「歩く」

かぶきの心と美

「かぶき」は、江戸時代の庶民が創り上げた芸術である。

「かぶき」という言葉は、今日、伝統舞台芸術である演劇の名称でしか使われていないが、かぶきの興った、桃山・江戸の初期十六世紀の頃には、日常語として、「いざや、かぶかん」とか「かぶき人」などというように一般語として使用されていたのである。

本来「傾《かぶ》き」のことで「傾奇《かぶき》」とも記した。

今日の言葉に置きかえるなら「新傾向」「前衛」というところかとおもう。

だから「かぶき芝居」といえば、前衛劇ということであった。

その演劇が成熟したときに、「歌舞伎」という字を当てたのである。

しかも江戸時代は「歌舞妓」と書いたので、かぶきという演劇は、歌と舞と伎《わざ》とで出来ているからだというのは、近代のこじ付けにすぎない。

「かぶき」の精神とするところは、旧体制や旧習の日常性に対して抵抗する意味であった。かぶきが近代の黎明期とその発生をともにしたことは、戦乱の暗雲に閉ざされていた中世を脱して、新しい世を先取りしたことに由来する。

中世の暗い「憂き世」を、明るい「浮き世」に転じたのである。

「かぶき」は、戦後の民衆が求めた「夢の浮世をいざ狂へ」という刹那主義の象徴として始まるといっていい。

出雲大社の巫女と称するお国は、多くの戦死者を弔った「念仏踊」を「かぶき踊」に転じたのである。

「かぶき」はこうして始まる。世を先取りする演劇が「かぶき」なのである。

「かぶき」は、古い権威に楯突く「荒事《あらごと》」と好色をこととする「和事」を二本の柱として展開する。

元禄文化は、俗世を捨て風流に生きた俳諧の芭蕉を生み、好色文学の西鶴を生み、民衆娯楽の人形浄瑠璃に近松門左衛門、竹本義太夫を出し、歌舞伎に東西の市川團十郎、坂田籐十郎を生んだ。

かぶきの華は、元禄で開き、徳川幕府の体制が整った享保以後は、もっぱら様式美の完成と芸の道の成熟へと急ぐようになる。

天明期に、上方から江戸へ文化の趨勢が移るなかで、所作事《しょさごと》の華が華麗に開き、三味線楽の全盛期を迎える。文化・文政から幕末にかけて、かぶきは、その爛熟期と解体の姿をみせるようになる。
明治維新以後は、かぶきも改良転向を迫られ、
世界中から新しい演劇、舞台芸術が流れ込んでくるなかで、旧劇として、新派、新劇に対して、
伝統演劇としての古典化の道を歩むことになる。そのなかでは、かぶきにも新しい動向が生れ、新歌舞伎が始まり、今日のかぶきは、この二つの流れのなかで生きのびることとなる。
今日、かぶきを世界的視野に立ってみるとき、まず第一に、
その演劇のもつ様式性の独特な美意識は、他にその類似性をもたぬことにある。
それは日本の庶民の血に訴える宿命的な美意識の魅力にあるといえる。
あるいは明治以後の近世の教養を身につけた理性と相反するものと云えるかも知れない。
西洋人が驚嘆するのもその美学にある。
大西克礼が、日本的美意識として数えあげた、悲壮、幽玄、優婉、あわれ、滑稽、さびという六つの範疇には入らぬ反逆と憧憬と顰蹙《ひんしゅく》と受難と無頼の徒が、
ひそかに育てあげた絢爛たる「かぶき」の美学なのである。岸田劉生はこれを卑近美といった。

江戸庶民が熱愛したかぶきのスターから、その時々の風俗の流行が生れ、衣裳、髪型、嗜好品に及んだ。江戸時代の言語、色彩、行動の影響に始まり、代表的絵画である浮世絵、三味線音楽も、その舞台芸術なしでは今日に伝えられることはなかったといえよう。文学においてもまた同じことである。江戸の文化は「かぶき」なしでは、独自の世界を形成しなかったと断ずることができる。

なるほど「女方（形）」といわれる男性が女性役を勤むる様式の演劇は珍しいものであろうとも、それは日本だけの独特なものではない。

そこには政治の介入があった歴史があるが、それを独自な芸や型に昇華させた点に、かぶきの心と美の在り方があった。女方はかぶきの華といわれたが、かぶきの様式美を完成させるのに大きな力があったといえる。

また、女方の美と対照となる「荒事」の美は、元禄以来、江戸劇壇に代々君臨してきた市川團十郎によって完成され、團十郎の名は日本の津々浦々まで知らぬ者がなく、来朝の西洋人も面接を求めたといわれ、江戸っ子は、自分たちの「親玉」として憧憬したのである。

荒事は、江戸っ子の気性と想いを形象したものといえる。

江戸はこうして、世界に冠たる歌舞伎の美を生み出したのである。


岡崎美術館「江戸歌舞伎の美と心」一九九六年

わたしにとって「パフォーミング・アーツ」とは

もう今日では明治の官用語である「演劇」という語は、さすがにそのままでは通用しなくなった時代になったようだ。同時に演劇が死語となったことを意味しよう。「現代演劇」なんていうことも、苦しまぎれではないか。ずいぶんこのごろ新しい用語としてパフォーミング・アーツなどという用語も生れたのは、やはり「演劇」という言葉に抵抗があるからである。

もっともこうした肉体表現は、演劇といい芸能といっても、現代を離れては成立はしないから、そうしたジャンルは古代の伝統である神楽であろうと、能であろうと文楽・かぶきであろうと、伝統芸能といわれるものも、現代人によって演ぜられている以上は現代演劇の一種といっていい。

伝統演劇といえども、それは過去の現代に行われていたものである。現代性のないものは、つまり現代人の理解を越えるものは伝承するわけがない。それを演ずる人間はみな現代人である。問題は現代意識にあるので、われわれは、現代という問題のなかで、どうそれらを捕らえるかということが課題なのである。また、現代をどう表現していいのかというときの様式の範疇に入ってくるものとして、捕らえ直すことではあるまいか。おもしろさも、楽しさも苦しさもそこにあろう。

すでに文学としての戯曲を土台にしてそれを忠実に演ずるという仕事は終った。われわれは、セリフの通じなくなった演劇を、今日みることが少なくはなくなった。

このたび、ポーランド行きに委嘱されたシアターXの自作「歩く」もセリフなしの演劇を考えた。もう演劇とはいえまい。パフォーマンス・アートといった方が、よりふさわしかろうとおもう。一種の「にわか」(俄)か、一種のページェントといってもいいが無言劇といいたくない。

台本はない。とにかく稽古から始まった。日本には、世界に類例のない伝統演劇の様式が豊富にある。まずポピュラーなかぶきの様式から始まった。手助けに、立役の板東みの虫氏と女方の中村京蔵氏の力を借りた。ところが今回の役者は、劇団のあちこちから集まってきた者たちで、かぶきも文楽もみたことがない。なぜわれわれは、古臭い様式をいまさらやらねばならないのか、という不満顔がみられないわけではないが、わたしは少しも危惧は感じなかった。むしろ楽しみであった。なまじい古典の約束を知っていると、それを踏み越えてゆくことができないからだ。なにも古典の型通り真似する必要がないからである。その精神と様式のエネルギーを採ってもらえばいいので、あまりうまく古典の様式が身についていては、それをこわして新鮮な火花を生じさせるのには、むしろ不適当ですらある。

文楽の糸繰りも、民俗舞踊、演歌まで採り入れたが、おなじことである。なにも一生かけて伝統様式に係わっている専門家の真似はしてもらいたくないのである。

稽古は次第に進み出した。彼らも疑いなしについてきてくれる。戯曲があるとすれば、その時代時代の現代の様式を仕組んでゆくことである。日本の伝統には劇を「書く」ということはない。舞台は「仕組」むものなのである。「作者」とは、「戯曲作家」のことではない「造る職人」なのである。

こうして新しい分野が出てくるかどうか、危険性があるとすればそこにある。すべて瓦解してしまうか。わたしにも実はどういう展開をしてゆくのかわからない。とにかく、人間が「歩く」動物だということ、また時代という歴史が歩いてきたこと、やっと最後がみえてきたところまで漕ぎつけたのである。

したがってそこには戯曲といった概念はない。かつて古典演劇はすべて、神歌から始まったのである。

とにかく、作品が売買できるような演劇商品にならなかったことだけは満足している。パフォーミング・アーツということができようとおもう。

演劇は、現代において、もっとも危険性を孕んだものであるということの認識だけは忘れてはならぬとおもう。

「國文學」一九九八年三月号

来る日も「歩く」

いったい人は、ほんとうにちゃんと歩いているのかどうか。そういった疑問が、足が不自由になってから、ふっと湧《わ》いた。

人間はどこに向かって、なんのために、一生を歩きつづけなければならないのか、そして立ち止まったときが死期であることに気がつくはずである。ただひとり逆行しようとしても、その時代の流れから、当然ながら、逃げ出すことはできない。

東京の劇場シアターXの上田美佐子さんから、ポーランド公演を委嘱されたとき、悩んだ末に、こうした人間の「歩く」という行動を劇化してみることができないものだろうかと思いついた。その背景には、暗かったポーランドの国情の歩みと、日本の敗戦の疵跡《きずあと》の歩みが両者で疼《うず》いているのが重なっているはずである。台本もなく、筋立てもなく、主人公もなく、まずは歩いてみることから稽古が始まった。

ポーランドは上田女史が勲章をもらったほど深く関わってきた国であり、私も一九八〇年にはグロトフスキー氏の主催する国際演劇学会に招かれて民族演劇の報告をしているので、まんざら初めての国ではない。

ポーランドへ行く若人たちは、この秋、ヤン・ペシェク氏の演出による「王女イヴォナ」出演のためにオーディションで選抜された男女十七人の現代演劇人なのであるが、劇団を成しているわけではない。いわば寄せ集めだから、お互いの間のプレッシャーはかなりのものといえる。

私が初めて稽古に立ち会ったときの驚きは、これが今日の日本の若人たちか、ということであった。そこには戦前のわれわれの青春時代とはまるっきり違った人種がいた。これが今日の地球人なのか。なるほど彼らにとっては、戦前の日本は見も知らぬ国だったのである。当然ながら、このショックは劇的ですらあった。常に現実が想像以上に劇的なものであることは、息あるうちに何度か見てきてしまったではないか。

この若い演劇人たちは、古い日本演劇の伝統があるのに、「かぶき」をはじめ何ひとつ見たり聞いたりしようとしていないどころか、第一、演劇として認めていないようなのである。

日本には日本の演劇技術の伝統の力があることを、この若人たちの肉体を通して知ってもらわないと日本人は恥ずかしいことになるのではないか。私は、とたんに右翼的になってしまった。

その日から、私たちは「かぶき」をはじめ、人間浄瑠璃、民謡、舞踊、演歌にも立ち向かい、歩き始める、セリフは掛け声らしきもののほかには一切用いない。外国公演にセリフの障害を除くということもあるが、まずは肉体よりも気骨を知ってもらいたい。

十年も二十年も修業しなくてはものにならぬ伝統技術を、一夜漬けで地球人の彼らにたたき込む無謀さが、劇的喜びとなって返ってくる日が来るのだろうか。

はじめ、舞踊的表現ともいえる技術を強いられた演劇人としての彼らは、反発を感じたらしい。その心情を逆撫でするような技術を重ねていくうちに、今日、新しい生命を生み出す力をすでに失ってしまった新劇ではない、「かぶき」という演劇を生んだ、その発生の原動力と対面することによって、彼らが信奉する新劇の真似ではなく、俳優としての本来の仕事の自覚と誇りを取り戻せたら、演劇の前途のために日本の伝統の力が無駄ではなくなるだろう。

果たして彼らに、未来の演劇人として、日本の前衛劇を開く日がくるだろうか。その悩みは不可欠のものだといってよい。

「東京新聞」夕刊、一九九七年六月一一日

「青森のキリスト」断想

青森という本州の最果ての地、恐山や賽の河原に吹雪くイタコの祭文や瞽女坊さまのジョンガラがきこえてくるという風土のなかに、キリスト昇天という伝説を育んだ北の人の願望に引かれて、ヘライ村に旅したのは一昨年の雪解けのころであった。

北海道生まれで、東京で学んだわたしは、帰省のときには、毎年、青森から連絡船に乗った。「野辺地、野辺地」と駅員の呼ぶ声をきくと、いち時に北国の憂色が襲ってくるのを感じたものだった。

エゾの地を終の住処とする者にとっては、奇跡は遠い夢ではない。一つの情熱である。昨年百歳過ぎて没した母は幼いころは、リボンヌという洗礼名をもったギリシャ正教の信者であった。先祖の地を捨て、あるいは追われて北海道へ渡った者たちが、北の荒野の果てにみたものはなんであったろうか。「みた」ということは思い知らされたということである。

一戸、二戸、三戸、四戸、五戸、六戸、八戸、と戸来村へ向う道行は、さながら昇天への一里塚を数える思いだった。十三の砂山に辿りついたキリストの日本名は八戸太郎天空といった。村に残るダビデの星の紋所は、京の晴明神社のものと同じである。北国落ちをした義経のように陰陽道の系統を引く修験の天狗や山伏たちが、これを助けたのであろうか。

キリストを乗せたさんた丸は、幾世紀も海上を漂い、青森に上陸したのは、いつの世であっただろうか。

ヘライ村の丘の二基の十字架のうち、他の一基は、その弟とマリヤの墓だと村人はいう。いまでもカソリックの信者たちが外国から訪ずれるという。残雪の疎林の丘は荒涼たる墓地であった。果してゴルゴダの丘に似ているというのか。

そのまだみぬゴルゴダの丘を青森のキリストの里、ヘライ村（ヘライはヘブライだという）の丘へ移してみたいと思ったのが、この作である。

今回は、ヘライ村へ同行して下さった上田美佐子さんがプロデューサーを務めるシアターXで、初めて公演できることになった。その信頼を裏切ることがいちばん恐いが、その懐の深さに任せて企画を進行することにした。

劇団があれば意志が通じて危げなかろうが、わたしの性分として、そのつど可能性を試みたいところがあり、つねに冒険してみたいという思いがあって、今回も、特異な才能を撰ぶことができたのは嬉しい。

無難な成功よりも、危険な、妖しい、いかがわしい火花が散ったなら、以って瞑すべしということである。

見物も受難の人であることを覚悟されたい。


シアターX「原始かぶき　青森のキリスト」パンフレット、一九九五年

かぶき考

江戸の発想

歌舞伎の作品を補綴したり演出しだしてから、もう十本ほどになる。

私がどうも腑に落ちないのは、必ずといっていいほどに、劇評に、筋がよくわからないとか、テーマに明解を欠くとか、分かり難いという評が焦点になっていることである。はじめは、私も、ではどうしたらわかり易くなるのか、どうしたら簡単明瞭になるのかに気がとられていたが、なにも自分が難渋にしたわけでなく、むしろ、あまりに味もそっ気もないぐらいに単純化しつづけてきたことが、なんだかむなしくなるばかりなので、それでは、一つ、思い切って最もわかり難いとおもわれるものを選び出して上演してみようかなどという天の邪鬼のような気になっていたところである。

いったい、どうして江戸時代の庶民が創り出した大衆劇である歌舞伎が、今日の最高学府を出たインテリにわからないのであろうかということである。ある女性の記者が、やはり、どうなっているの、ちっともわからないじゃないのといったことがある。そこで気がついたのだが、わからぬといっても何がわからぬのかと考えてみると、どうも、二つの理由があるようである。一つは何を云おうとしているのか、その主題の趣旨がわからないということ、もう一つは、筋道が複雑でよくわからないということになるのだとおもうが、こういうとき、私は、あなたは教養があり教育がありすぎて解らないのでしょうということにした。

江戸時代の歌舞伎の愛好者たちは、多くは寺子屋の出身だし、なかには文盲の人もかなり居たにちがいない。役者にしても、「帝を流し奉る」というセリフを、「みかど」とは何かわからなくて、流すのなら「いかだ」であろうと「筏を流し奉る」といったという話もあるぐらいで、教育という点からいえば問題になるまい。どうして、そういった江戸庶民の創り出した歌舞伎狂言が、近代のインテリにわからないのか、そのこと自体がわからないことであるといわねばならない。

歌舞伎狂言の構成は、仕組むといって、いくつもの世界を、時代のちがう世界を、同時に組み合せて綯《な》い交ぜにして作劇する。江戸歌舞伎の奇才鶴屋南北などによると、四つも五つも世界を組み込んで「筋からみあって新しい」と評されているほどである。まァいってみればＴＶの五つのチャンネルを何分かごとに切り換えて見るようなもので、これに有機的関連性をもたせ、最後には一つに纏まって決着がつくのを上々とする。

こうした構造を芸術の基準としている、その構造が理解できなければ、おそらく絶対にわからないであろう。近代の学校教育は、西欧的理念と方法によったものだから、はなはだ合理的科学的で、そうした教育がすっかり身についているインテリにとって、こうした江戸の文化の構造や発想様式は、習いもしないし、生活にもないとすると、もう体質的に受け入れられなくなっているのである。日本人も、まったく西欧人なみの頭脳になっていて、すでに江戸人とは異質の人種になっているのではないか。

江戸人の眼は、いくつもの世界を、同時に一緒にみることの能力があった。トンボの眼のように、複眼的構造は、同時に、いくつもの事象を写しとることができる。あるいは、それは封建社会に生きる者の生活の智恵であった。右か左かを分明して生きてゆかれなかったこともあろう。なまじい教育のある者にとっては矛盾として受け入れられないものを、おもしろしとして、そこに見るべきものを見た世界構造。それが歌舞伎の構成であった。

江戸歌舞伎は、テーマを四つも五つも一つの作品に盛り込み、鵜匠の手綱のように、その捌き方の技術を、ほれぼれと舞台で鑑賞するような、そんな生活基盤の美的基準がもうなくなってしまったのかと考えこまざるを得ない。

その手綱が、どこがどう続いているかわからなくて興味を失うようでは、「芸」というものがわからない。それをなんとかわかって貰おうと、その綱を一本切り、二本切り、せいぜい一本にしたらよくわかるかと思って、一本にしても、なるほど、その綱が一羽の鵜の首元に届いているのを見定めることができても、それはもう鵜匠の仕事ではないのである。私が、貧弱な体験から、一本一本綱を切ったことはむなしく、間違いだったのではないか。綯い交ぜが巧妙であればあるほど、いらないと思って切り捨てると、その綱の先が命綱にからみついて、出血多量で致命傷となるのである。

歌舞伎芝居は、何か訴えるのを目的としているわけではない。むしろ「無目的」「無意義」なのである。むなしい努力に苛立たせられた、きらっと光る人間が瞬間に感じられ、血が騒げばいいのである。手捌きの芸に魂が奪われればよいのである。

その手綱捌きの「間」とか「息」とか、「気味合」とか、それを楽しめばよいのである。近頃、江戸ブームがエスカレートしているようだが、現代人にとって何が江戸なのであろう。どうも外人の江戸好み、民芸趣味の延長であるようなうさん臭い匂いがしないでもない。

お茶の水を飲み分け、櫛の目を通す髪の毛の裏表を知りつくしてこそ、江戸文化の伝統があるので、カルキ入りの水道管の水を飲み、漂白剤や防腐剤入りの食品を食べているわれわれの暮しは、いったいこれが文化といえるものであろうか。「生きのいい」という江戸文化の伝統は、匂いも香りもないコピー時代に入ったことを意味しているようにおもわれてならない。

「TBS調査情報」二六四、一九八一年二月

かぶきと能の変身・変化

北斗七星と七変化

かぶきは、もともと、異相、異様を出発点としたもので、その始祖とされる出雲の阿国は男装し、相手役の男性は女装して、買手と茶屋女のたわむれを演じたのである。変身から出発したのである。

また、かぶき舞踊には、変化物といわれるジャンルがあり、三変化から十二変化までをみせる、レビュー式の一種の組曲のような形式のものがあるが、本来は、一人で何役にも変身して踊るものに発したのである。

しかし、基本的には、変化物の中心の数は「七変化」である。七変化のはじめは、元禄期に水木辰之助が踊った「七化《ななばけ》」であるとされる。七化とは、殺された女の執念が、煩悩の犬・公家・爺・童・若衆・怨霊・猩々と化けて、一人で七役に変身して踊ったのをいう。以来、七化が流行するが、幕末に至って、変化物時代といわれる全盛期を招来するのである。おおよそ三変化から十二変化まで、一人で化けるというより、各種の舞踊を採り集めたというべきものであった。しかし、やはり七化の系統の七変化が、もっとも多く、五変化がこれに次ぎ、三変化がまたこれに次ぐところからすると、七五三にこだわった陽数の重なりと、その祭祀性に無関係ではないといえる。

七変化は、人間の変身の限定というか、定まった命数と関係があった。どうも、これは東西ともに共通する聖数であり、人間の生命を司どる数であったようだ。ピュタゴラス学派では、人間は七つの天界の惑星に支配され、人間が新たな生命をつくるときの重要な役割を果す生命の数だとしている。一週間七日をもって定めるのも、もと生命の循環を意味したものであったろうとおもう。東洋でも、北斗七星が人間の運命を司るものとされていた。

楠木正成が、七度生まれ変って朝敵を滅ぼさんと天に契ったのも、その天の命数に合せたのである。

サルバドール・ダリも七にこだわったといわれる。七歳のときナポレオンになりたいとおもい、亡兄が七歳で死んでいるのも、彼の運命観に影響を与えたのかとおもわれる。彼の絵画が、一種の不気味な、運命の象徴のような雰囲気をもつのも、こうした七数にこだわった小児の命数の影が落とされていまいか。

日本でも「七つの子」には、こだわった伝承がある。それは大正期の野口雨情の童話の「七つの子」で、〽からすは山に、かわいい、七つの子があるからよ」と唱ったのは、彼の新しい発想ではなく、「七つの子」というのは、古い地唄のなかにもあって、すくなくとも数百年来のものであった。

日本の習俗にも、「七歳までは神のうち」といわれた諺にもあるように、人間は七歳にして、はじめてこの世に認知されるということになっていた。それまでは、まだ、あの世のもの、神の世界のうちなのだということであった。

この七の数は、北斗七星と関連がある。人の命数は、この北斗七星の指示するところで、それを宿星という。運命を卜する陰陽師阿倍氏の家紋は、星の形であった。京の清明神社で、この紋章に出逢ったことがあった。

「北斗星」というのは、仏教の方の延命の呪法であった。後鳥羽上皇が、国体安穏のために「七壇北斗法」を修せしめられたことが、『明月記』の建保七年二月六日の条にみえているが、これは中国でも同じで、というより元来中国の易道・道教などの影響を受けたものであろう。俗書ながら『通俗三国志』に出てくる諸葛孔明が、命数に尽きる病に臨んだとき、その延命祈禱のために、七々四十九人を撰み、七日間、七盞に灯をともし、そのまわりに、七七四十九の小灯を連ねて、七星の北斗を祀るさまが描写されているが、すべて七数尽しなのが、もっともらしい。七数の意味はかつて、小著『童子考』で探ったことがあるから、これ以上は深入りしないが、人間の変身が七数に限るのも、そこらに原点があろう。

かぶく十八番の一つに「七つ面」というのがあり、團十郎が七つの面を化粧で仕分けてみせるまでのものであるが、これとても七数を限度としている。「七小町」などというのも、小野小町の生涯を七変化で示したものであった。

能などにみられる神仏などの化身は、実はと、その本体を現わすまでは、幾度も変ることがなく、人間の姿を借りるまでであるが、かぶきに至って七回までは変身が出来るというようになったのは、底流にあった民間信仰の習俗が浮上して形象化されたのである。

変化の語源

いったい、普通、「変身」という語は、古くからないわけではないが、使用されることはほとんどなく、「変化」の方が多かった。変化は、「妖怪変化」などと用いられる語で、主として「変化のもの」は、人間以外の怪物を意味してきたといっていい。

もっとも、数は少ないながら、「変身」という語も使われたには使われたので、たとえば謡曲の「鵺《ぬえ》」などには、〽頼政が矢先にあたれば変身失せて、落々磊々と、地に倒れて、忽ちに滅せし事」とあって、やはり妖怪・化物としての謂となっていて、この鵺《ぬえ》など化鳥《けちよう》の場合は、〽定めて変化の者なるべし」などといっているが、「変化」という語は、本来は神仏などが仮に人間の姿となって現われることであった。『竹取物語』などの古いものにも、すでに「我が子の仏、変化の人と申しながら」などとかぐや姫の翁などがいっているように、もともと仏教の方の仏の「化身」からきたものである。

「化身」は、「変化身」ともいわれ、仏が衆生済度のために六趣（六道）の有情に変現したものをいい、仏の三身［自性・受用・変化］の一とされる。つまり、本来は、知恵の力で化現する仏身をいう語であった。

かぶきでは、大切《おおぎり》の結末に、神仏が示顕して悪人をとっちめるという定型があり、これらの様式を「化身事」といった。歌舞伎十八番に残った「不動」「関羽」などは、その名残である。

昨年五月に来日した、中国の川劇の「白蛇伝」のなかで、紫金鐃が鈸、やはり七変化をする。その顔の化粧が変るのを「変臉《へんれん》」といっている。やはり仏の七変化であった。

化身事

かぶきの変身は、次の三種に分類できる。
①神仏の化身
②妖術・幻術における変身
③動植物の変化

かぶきでは、元禄期が化身事の全盛期で、今日現存する絵入狂言本にあらわれた化身の神仏では、「不動」「毘沙門天」「関羽」「鍾馗」「弁天」「四天王」「龍神」「氷川明神」などがポピュラーである。これらの神仏は、多くは荒事と結びついた、民衆に人気のある神仏で、幕切れに出現して悪人をとっちめる。神仏が、前シテの人間の姿から実はといって後シテとして出現し神仏の名を名乗り、舞を舞うのが、能の定形であるが、江戸かぶきでは、からくりを用い、あるいは生身の神仏として現われ、荒事を演ずるのが一つの構成であった。

また、人間が、妖術や幻術を遣って変身する狂言も多く、天竺徳兵衛・児雷也・七草四郎・滝夜叉・若菜姫などが、蝦蟇《がま》や蜘蛛《くも》などに変身する。

動植物の変化には、「今用ゆりわか」の鹿、「狐忠信」「葛の葉」「玉藻前」の狐、「犬神」「土蜘《つちぐも》」、鍋島や有馬の猫騒動の猫、蛇などがあって、それぞれ人間に化ける。

古来、狐は、金毛九尾の三国伝来の玉藻前と、安倍保名と契って子を生み、その童子丸との子別れを見せる葛の葉が名高いが、狐が人間に化けるのには、次の手続きがあるとされる。近松の「一心五戒魂」に「狐妖怪をなさんとては髑髏を戴き北斗を礼し変化して、男女姪婦と成人を化かすといふ」とあるが、これは、もと中国種で、原典がある。狂言の「釣狐」には、青みどり（ろ）をかついで化けるという型がある。これを野村家では、萌黄の無地熨斗目を着て、それを表現している。人間が蛇体に変身するものに「日高川」や

「道成寺」がある。また神が変身するものに弁財天の大蛇がある。

鳥類では鴛鴦の夫婦や鷺娘・鶏《とり》娘がある。また、虫類には「蝶の道行」というのがあって、男女の人間が蝶に変身して、地獄の責めを受けるという舞踊劇である。「土蜘」などは、能から取り入れたものであるが、かぶきになると、「蜘蛛糸梓弦《くものいとあずさのゆみはり》」となり、切禿・仙台座頭・梓巫女・山伏などと変身し、書替えたものでは、さらに傾城・豆腐買・見越入道などに変身して踊る。

変身はしないが、動物の神が憑いて、それらの身振りをするものがある。近松の「女殺油地獄」の与兵衛の妹の「狐つき」や舞踊曲に「犬神」というのもある。犬神は、四国にあるという憑きものである。

また、植物で女性に変身するものに「三十三間堂」の柳のお柳や、「関の扉」の黒染桜の精の遊女がある。これは能にも「芭蕉」「梅」「藤」「黒染桜」などがあるが、さらに自然現象としての「雪」までが人間に変身して出る。もっとも、この雪の女では、雪女で、妖怪として民話にもあるが、かぶきに入ると、「雪女郎」といって遊女で表現されることになる。

かぶきで、これらの変身は、「ぶっ返り」や「さばき」という衣裳や髪型の変化、あるいは「縫ぐるみ」によって表現される。

能では、仮面によって変身を表現するのが特徴であるが、能の場合は、人間に変身していたものが、いったん退場して、姿を替え、実体を顕わしたものとして、再度登場してくるのが一つの構成上の約束となっている。

能とかぶきの変身の形象化

仏教には「変成男子《へんじようなんし》」ということがあって、女性では成仏が遂げ難い。そこで男子に生まれ替ってくるという願をかける。しかし、その変身には世代の交替の時間が必要である。能では、女性が男性に変身することがある。「井筒」や「松風」がそれであるが、「井筒」では業平の、「松風」では行平の形見の烏帽子や狩衣をつけることによって、かつて恋人であった女性に、男性が乗り移るのである。「井筒」では「昔男に移舞」といっているが、形見の衣服を着ることによって、物狂おしくなって、男性の霊が乗り移ったかたちとなることである。これは正確な意味の変身ではないが、女性の肉体に男性が二重に面影を宿したことになる。しかも、演者は能役者という男性だから、男性↓女性↓男性と、二重三重の変身を重ねることとなり、微妙な錯覚の幻想が生じるおもしろさがある。

かぶきは、能の中世の成立とちがって、近世に育成されたものでありながら、かなりプリミチブな発想に野性味を残し、変身の怪奇味を表現しているが、これに反して、中世に成立の能が、変身にかなり芸術的あるいは詩的な洗練された表現を採っているのはおもしろい。あるいは教養ある貴族階級または上流社会の鑑賞によって出来上った能と、町人・

庶民の間で生まれ育ったかぶきとの相違による性格かも知れない。そこには進化とか進歩とかがみられず、かえって、高度な仏教的教養と、民間信仰的俗信の根の深さが、時代を超越して示されているようである。

人間の変身の願望は、現代でもさらに未来までもなくなるものでないかも知れない。また演劇そのものが、本来、変身したいという人間の願望を成就してみせる舞台という時空のなかで、形象を遂げさせる仕かけであるのかも知れないとおもう。

そして、その時代時代の、それぞれの文化を背景として変身の形象化が行なわれてきたし、また行なわれてゆくものであろう。

「自然と文化」一九号、一九八七年一二月

かぶき演出のなかの儀礼——忘れても忘れえざる絵空事の秘めごと

私が今日お話ししたいと思っておりますことは、やはり日本人の心と形の問題が、かぶきにどうあらわれているのか、その一端を話してみたいと考えた次第でございます。

今ちょうど国立劇場にみえております中国の京劇の団長さんと、二、三日前にちょっとお話し致しました。京劇とかぶきとの違いはどうなのか、どうしたらいいのかというようなお話が出てまいりました。京劇とかぶきは似ているところがたくさんございます。ただ京劇では、あの女方という問題が、これが今来日しております梅蘭芳《メイランファン》さんの息子さんたちの世代で終りだろうと言われております。中国でも、戯曲学院のような学校組織で京劇を教えておりますけれども、もう女方の旦《タン》という役柄は育成しておりません。

その点日本ではまだ、今、女方をなくせというような声はないようでございます。梅蘭芳の家柄は、四代目の旦の役柄だそうでございます。機会があったら中国最後の女方も御覧いただければと思います。梅葆玖《ボウキュウ》はたいへんよくお父さんの芸風や風格を伝えていらっしゃいます。ただすがに、我々が若い時にみた梅蘭芳の大きさというものには、やっぱりちょっと及ばないように思いますけれども、それはかぶきでも同じでございます。だんだんとやっぱりかぶきの芸は小粒になっているようで、これだけはやはり残念のように思います。人間の知恵が進みますと、どうしてこう人間は小さくなっていくのかと思ってふっと考えることがございます。これはあの知恵のもっていき方が違うんではないかと考えることがございます。

我々はその京劇を拝見しまして、「あっ、かぶきにも昔こんなものあったが、それがどうしてなくなっていったのか」と気づくことがございます。それは、我々はかぶきをしょっちゅう見ておりますので、却って変化していることに気がつかないんです。ふっと外国のものを見た時に気がつく、「あっ、これも失ってしまったものがまだ京劇にはある」と思いあたることがございます。たとえば、梅葆玖という方が得意にしている出しもので、楊貴妃が酔っ払う芝居がございます。「貴妃酔酒」と申します。これは梅蘭芳の当り役でございまして、我々は見ておりますけれども、これを拝見しておりますと、まあ、劇的なストーリーなんていうものは別にございません。一時間十五分の間、楊貴妃が酔っ払う所作だけでございます。これはやっぱり驚きですね。ただかぶきにも昔はこのことがあったのだと、心に思い当たることがございます。とにかくかぶきでは、腹を切ってから長々とその一場の物語をする、腹を切って三十分も、それは人間がもつはずのものではない。その間の回想シーンをずっと引き伸ばしたものを見せる、それがあの芸だったと思います。ですから、人間の動作の一部を非常に引き伸ばして、そしてそれを回想して見せる、というのがかぶきの芸にも昔はあった。それが今日はストーリーばかりを追うようになりまして、その芸がみんな脱落していってしまう。一番残念に思いますのは、今日かぶきには芸が非常になくなってしまった、ストーリーだけを追っかけるようになってしまったということです。まだ京劇にはその伝承がちゃんと残っていた、それが大変うれしいと思いますし、かぶきももう一度考え直さなければならないことだと思います。

元禄の昔、坂田藤十郎という名優が上方におりました。江戸の役者中村七三郎が上りました時に、是非あってみたいというので、藤十郎の家に行きましたら、いくらたっても出て来ない。まあ、半刻も待っているうちにぞろっとした格好をして出て来て、それから花を活けたというんですね。そして何も挨拶しないで花を活けて又引っ込んでしまったというので、江戸の役者は腹を立てていたところに、ちゃんと紋服を改めて出て、挨拶をしたというんですね。いかにも江戸と上方の文化の違いがよくわかる話ですが、この藤十郎が花を活けるところを見せたということは、藤十郎の形と心をまず見せた、まず見せてもらった、江戸のお客さんに見てもらったということだったと思うんです。それで江戸から上がった中村七三郎はこれはかなわないと、後からそれを悟ったそうでございます。上方に藤十郎がいる間は、江戸の役者が上っても勝負にはならないと言ったそうでございます。

そういうわけで、かぶきの舞台でも、このごろの芝居はお花を活けたり、お茶を立てて長々と見せるという非難が後世になると出てまいります。しかし大事なのは、その後には劇が、芝居をやっているわけでございまして、その芝居の表現の中にその心を見せる。たとえば、「先代萩」の政岡が御殿の場の前半で、茶の道具でもって、鶴千代に御飯をたいて食べさせるところがあります。それをやっぱり三十分も一時間も見せるわけでございます。単なる茶道具でもって御飯をたいて、鶴千代君に食べさせるところを、まあそれは毒が入っているのがあぶないので、自分でもって御飯をその茶道具でたいてみせるわけですが、それを歌右衛門がやりますと、一時間でも持つわけでございます。そこがおもしろい。それが芸になっているというところでございます。だいたいかぶきというものは、本来そういう形のものではなかったかと思います。ですから、かぶきの作法と申しますか、まあ作法とふつう言いますと、戯曲作《さく》法などということをすぐ思い浮かべますけれども、作《さく》法でなくて、かぶきの作《さ》法というようなものが、その根底の心になっているということが大事なのだと思います。それですから、かぶきの場合には作者というものが座付の作家としておりまして、それが昔はかぶきを作ったわけですが、それを「作り」と古い時代には申しました。この「作り」と申しますのは、私はすぐあの大工さんの建築家を思い出しますのですが、芝居というものは書くのではなくて、これを「仕組む」というんです。

「仕組む」、これが根本ですね。かぶきは「仕組む」と申します。ですから、今日のつまりドラマの作家が原稿を書くのとは全くその態度が違うんだと、こう考えなければならないと思います。まず「仕組む」というのは個人がそこにはなく、個人の個性をそこで見せるわけのものではなく、個人の力を見せるとすれば、その「仕組む」ところに、名人気質《かたぎ》を見せる。それが役者なのだろうと思います。

結局、あるものをどう組合せるか、そして一つの形をどう作り出すかということでございます。だから自分で、その創り出したものではないんです。芝居というものは自然と組みあがって成るものであって、創り出すものではない、つまり仕立てるものだ。着物でも仕立てると申します。これは創り出すものというよりはこう成るべきものを仕立て上げるんだと、出現させるんだと、つまりそれを立派に立ち上がらせるというか、そこで「立つ」という言葉が問題になりますけれども、日本語のこの「立つ」という言葉はいろいろな意味に使われますが、非常に大事な言葉ではなかったかと思います。立ち上がるという言葉ですね。あのかぶきの場合でも稽古をします時に「立つ」とこういうんですね。今日は立ちましょうということを言います。そうすると立って稽古をすることですね。坐って稽古をすることから、次の段階では立稽古と申しまして、今日から立ちましょうというようなことを言います。今日の芝居は稽古の期間が非常に少のうございまして、まあこの間など、たった三日間で仕上げてしまいます。それでも出来るんですね、日本人というのは。絶対アメリカ人では出来ないと思います。これはもう、日本人というのは特攻精神がありますのでね、やろうと思えば三日でも出来てしまう。そこに欠点もあるし特徴もあるんだと思うんですけれども、これは江戸時代では考えられないことですね。もっとも来年までちゃんと初日が決まっているんですから、一年の。ですからそれに合せて今月の芝居が二十五日に終わりますと、二十八・二十九・三十日と稽古をするっていうことになりますし、俳優は全国に散っておりますので、全員が顔を合せるということはかなりむずかしい。それで抜稽古をやりましたら、今日は誰それがいませんというようなことになりますのですが、とにかく三日間で仕上げてしまう。昔の人には考えられないことではなかったかと思います。

今日のは企業に組みこまれたカブキの姿であって、江戸時代の場合には稽古が出来あがってさあこれでよしとなると、次の日に初日のあんどんを出すんだと書いてあります。だから何日稽古をしていいということは書いてない。つまり稽古が出来あがって、稽古がしゅんだ時から、一日休んでその次が初日になる。これが、江戸時代の方式でございます。だから元禄時代からずっとそれはそういう風にして来ているわけでございます。初日は正月の三日とか、そういうふうに儀式的には決まっておりますけれども、稽古不足によってはそれが延びるわけでございます。毎日延びていく、今日では考えられないことですね。ですから本を読んでるなんてもう暇がございません。すぐ立ちます。本を持って、これは何の芝居だかわからないんだけれども、とにかく本を持って立って動くんです。体で覚えるんですね。頭で覚えるんではなくて、体で覚えていくんです先に。かぶきというものは、型というものがございますから覚えているうちに、そのセリフを言っているうちにその型が出てくる。体で覚えている型が体から出てくるんです。だから頭で理解してから立つ新劇とは全く違うものだろうと思います。考えて動くわけじゃないんですね。自然と出てくるのを待っている。考えないでまず身が覚えてそれが出てくる、考えていてはもう遅いというところがあるのだと思います。

　これも坂田藤十郎の話ですが、この狂言はどうも考えたらおもしろくない、自分でそう思ったけれども一座の前であるからそれは言われない、ところが、皆もあまりおもしろくないもんだから帰っちゃった。自分は考えてみて、それでは次の日、笠と杖を持って来させて自分が扮する役になりまして、さあセリフをつけてごらんと言ったというんです。そして笠と杖を持ってつけているうちに、これはおもしろい芝居だとはじめて悟ったということが『役者論語』という本に出てまいりますけれども、藤十郎も体でもってそれがおもしろいかおもしろくないかがわかる。つまり、頭でおもしろくないというのとは違う芝居ですね。かぶきにはそういうところがあるんだと思います。そういうわけで狂言を立たせるということが大事ですね。つまり、稽古というものは、その事態がしゅんでくるまでは、稽古をするわけ、まあしゅんと言います。ものごとが成熟してくるまで、そういう機が動いてしゅんでくるまで稽古をしまして、そして初日の前の日はゆっくり休むのだと、藤十郎が言っております。

　初日の前の日に、今日では大変なんですよ、初日の前の日というのは。まあこの間の稽古も一時頃です、夜中の。舞台装置から何からで稽古の繰り返し繰り返しで初日の前になりますと、特攻隊でやっつけているようなことを致します。それはまちがいだと言っているんですね、藤十郎は。前の日には休むんだと、それが本当だと。前の日に休むというのは私は非常に意味があると思います。けれども、初日の前の日というのは、慎んでこれは一種のおこもりをすることだと思うんです。おこもりをして何もかも稽古をしたものを忘れて、しゅんだ機を待ってる、機の熟するを待っている日なんであって、初日の前の日というのは、この日は稽古すべきではないんだというんですね。すっかり覚えたセリフは、すっかり忘れてしまっていなければいけない日なんです。その前の日というのは。つまり、自分ということを、全くなくしてしまう日ということだと思います。おこもりをする日と同じです。すっかりセリフを忘れて、初日を開けてはじめて相手のセリフを聞いて自分のセリフがふっと出てこなければいけないんだと、これが本当の芝居だとこう言うんです。

　今、プロンプターが、これは作者で黒い衣を着まして、役者の後ろについておりますね。今日ではそのプロンプターは三日間が定法だと言われております。三日間はついていてもいいんだと、こういう約束でございます。ですからもうしきりについている。まあもの覚えのいい人と悪い人がございますから、これは一概に言えませんけれども、悪い人になりますと一月もついている人がいる。亡くなった中村鴈治郎さんていう方はとにかく覚えない。ただ役者がいいとですね、そのセリフを忘れた時には、ニッコリして見物に愛敬くれていると、まあ喜んじゃって見物はそこで拍手しているということがあって、名優にならないとそういう芸当は出来ないと思いますけれども、まあそういうことがございます。いつかあの先々代の宗十郎さんですが、「御浜御殿」のお喜世の方をやりまして、縁側に腰をかけておりました。後ろから後見がセリフをつけております。それが聞こえないんですね、後見人は低く言いますから。そんなものですから、聞こうとしてだんだんと端に寄ったわけです。すると前に大きな庭石が敷いてあります。その庭石を強く踏んでひっくり返しちゃったんですね、舞台の上で。すごい大力の女ということになってしまったわけです。ところが当代の歌右衛門なんて人はもう初日の前にすっかりセリフが入っております。若い人でも覚えない。覚えてくれない人もたくさんいるわけで、それはやっぱりその人によるんだとは思いますけれども、とにかく昔の稽古と今の稽古とはそれだけ違うんだということでございます。

つまり、もう芸能に対する心構えが違ってきてるわけでございますね。ですから立つまでやっぱり待っているということがあるんですね。「つぶ立つ」という言葉がありますが、芸がつぶ立ってくるのを待ってる、その成熟するまでには非常に大変な努力があって、そして初めてそれが発酵してつぶ立ってくるというんじゃないと本当の芸にはならないということでございます。つぶ立つということは、体から芸が離れていくことなんですね。いつまでも体にいろいろな芸やセリフがついている人はまだなんです。それから芸というものは、離れていって初めて大きくなる、つまり人間の体についているうちはまだ小さい、生なのです。それから離れてはじめて、それが立ってくる。「立つ」とこういうわけでございます。ですから立つというのは、それはよく神様が姿を現わすことを、立つとこう申しますね。枕がみに立ちという、その立つですね。示現する、自然とそこに立ってくる、秋が立つ、春風が立つ、虹が立つ、みんな立つという表現をします、これは。森羅万象、それはそこに奇跡のようなものがあらわれること、それが立つでございます。まあ、引立てて下さいとかね、そういうことも立つですけれども、舞踊の方では、取立師匠なんていいます。取立ててもらってはじめてその人が立つんだという形でございます。だから狂言は、立てるというんですね。「狂言立て」という。

狂言が成熟して仕組んでそれを立てるわけでございます。また趣向も立てると申します。それが示現するように、効力を現わすようになることが、「立て」です。お祭りのだし（山車）のことを、「たてもん」といっている所がございます。これもやっぱり「たてもん」というのは建築のことではございますけれども、もう一つやっぱり神の館としての建物だと思います、これは。といってかぶきでも他でも同じだと思いますけれども、かぶきの方から申しますけれども、かぶきというものは、立て直し、立て直ししていくものだと、つまり直すということは修理するということでなくて、正しいいさぎよい姿に戻すことが直すこと、直ることだと思います。

結婚式の時に、これは皆さん御存じで私が言うべきことでもないかとも思いますが、お色直しということをやります。これも立て直しだと思います。だからはじめは白装束でいることは、これは死装束ですね。これは昔の浄瑠璃の「心中鬼門角《かど》」というものの中に載っております一節ですが、「祝言の夜は門火をたいて、死にいでたちにするじゃござらぬか」というセリフがございます。婚礼の日には門火をたいて白装束でもって、死出の旅立ちをするんだと、これが昔の人の考え方ですね。白装束という、それをお色直しをする時には、それに色がつくんです。つまり、二度の出発です。生き返ったことです。つまり、色直しをした時には生き返ったことですね。これは立て直ししたこと、一度人間は死んで、そして立て直って生き返ってくる、これがつまり自分の生まれた家からもう一つの別の家へ生まれ返るんだと、これが立て直す、お色直しということだと思います。

「世直し」という言葉もありますが、世直しというのは、江戸時代にたくさん出てまいりますす一種の革命みたいなものでありますが、それはやっぱり世の中を正しい姿にもう一度戻すこと、そのもとの姿に戻すことだと思います、そのもう一度戻すこと、これをかぶきで繰り返し繰り返し、あの場面というものはやるんだと私は思っております。ですから、かぶきでは今はもうやらなくなりましたけれども、まず最初に、三番叟《さんばそう》という儀式的なものをやります。外国の演劇とは違うんですね。日本の芝居というものは、芸能の儀式でございます。まず三番叟、これは私は、神迎えだと思います。この舞台に神をまずお迎えするんだ、それでなければ芸能は始まらない、というのが本来の姿だろうと思います。あの歌舞伎座の入口の正面の所に枡形の櫓が載っておりますが、あれは本来昔は神様の座席だろうと思います。古い絵をみますと、あそこには梵天と申しまして御幣を立ててありますから、まずあそこは神の座席として迎えられるんだと思います。

江戸時代、正月にはずっとやってまいりました曾我狂言で「曾我の対面」というのがございますが、五郎十郎と敵《かたき》の工藤とが詰め寄るところがありますが、その時に工藤が座につく儀式というのがある。あんなものは芝居と何ら関係ないと思いますけれども、まず工藤が、だいたいは座頭役がやる役柄でございますが、工藤が「高座ごめんくだされ」というセリフを言ってその高い台座の上に上がるんですね。その時におじぎを致します。その時のおじぎは見物にするんだという風に考えられておりますけれども、実は座頭が、曾我の対面の場で櫓の神座に対して拝礼をするんだと思います。ですから、これは演出なんていうものでは全くないわけでございまして、これは儀式でございます。かぶきには御存じのように演出家というものはございません。誰がそれじゃ演出をするかというと、これはその座頭が全責任を持っているということでございます。だから演出家がいないということは、その芝居がしゅんできて成るものだということが一つあるんです。人為で作るものではなくて自然とその形になってそこへ出現するんだという形があって、それを座頭が掌握しているわけでございます。責任をもっているわけでございます。そういう考え方が昔からありますので、外国の芝居とは違って、かぶきには演出家というものがない、それが本当の姿だと考えてよろしいと思います。今日のかぶきには演出家がありますけれども、それはやはりかぶきというものがそれだけ末世になってきたんだと、これがないと収拾がつかなくなった。まず座頭という位置がなくなりましたね。今日の芝居には幹部というものがあっても、座頭というものがない、つまり、神様と見物を統一する間へ立つ座頭という役目がないから、従って交通整理の演出家がなければならないということが起ってきたんだろうと思います。

まあそれで、はじめに三番叟があって神迎えを致します。これは朝早くで、昔の芝居というものは、明け六ツから暮六ツというのがだいたい決まりの時間でございます。まず十二時間ですね。明け六ツといっても冬ですと真っ暗です。そして暗くなるまで。ですから夜になっても芝居をするということは明治以後のことでございまして、江戸時代は全部日中でございます。灯が入りますと、暮六ツになりますと、今度は芝居茶屋なんていうのがありまして、役者とそのお客さんと遊んだりする所があるわけでございます。これは幕府の規制で決まっておりました。十二時間芝居を昔はやってたんですから、朝の暗いうちに三番叟で始まるということになります。昔は交通もたいへんでしたから、浅草の猿若町に芝居がありました時、山の手からかぶきを見に行こうとすると、前の晩から出かけなきゃならないということになります。そして明方になってやっと着くということになりましょうし、又ふつうはだいたいお昼頃から芝居を見たわけで、初めから終りまで見ている人はなかったんですね。だからどこから見てもわかるようにまず、その他大勢が出てきて前でちょっとこういう事件があったんだとか、さてこれからということを前おきで、前口上で話しておいて芝居が始まる。だから昔の芝居というものはどこから見てもわかるように出来ていました。筋ばかりを追っているようなことはではこういう楽しみ方は出来ないことになります。芸を楽しみに行くわけですから、今度は團十郎がそろそろ出る番で團十郎の芸を見ればいいということになりまして、筋はその芸を生かすためについているだけの話ですから、まあお昼頃にならないと主役は出ないということになりますと、まずお昼頃までに行ってみればいいということになります。

しかも昔の芝居はおもしろいことに、その一番最初の幕は、序幕と申しますが、その序幕の前にまだあるんです。つまり何があるかというと、発端というものがある。発端と序幕と違うかというと、これは後になりますと混同しまして、発端になったり序幕になったりすることがありますけれども、南北の時代の脚本を読んでみますと、発端と序幕とは違います。発端がありましてその次に序幕になるんです。芝居が始まるのは序幕から始まるということになります。でその序幕が二つ目と言われるんです。一つ目ということなはいんですね。どうも日本ではそういう一つという数《すう》の概念はちょっと違うんではないかと思います。つまりはじめというものと一つとは違うと同じように、はじめというのは一つの前にあるわけですね。私は北海道生まれですが、よく昔はアイヌの人達は、シャモはずるくてサケや熊の皮を取換えたりなんかする時、勘定するのに一番最初ははじめといって、一つだけのけておいて、それから二つ三つと数えて、そして終りといって一つ又別に取ってしまうんだと言っておりましたけれども、それはアイヌを相手に日本人はそれをまく利用しているんだと思います。けれども、一つの考え方には、はじめというのと一つとは別だという考え方が一方には元々あったんだと思います。

　はじめというのは発端でございますね。発端というのはキザシなんですね。何かがポッと出る兆し。これはまだ数《すう》のうちには入らない。一種の兆しです。まあいわば花ですね。花がパッと咲く。花っていうのは、端《さき》のことが花ですから御承知のように、さくらの花でも木の梢に最初に咲きますし、人間のはなも一番とっ先についているわけですし、山鼻なんていって山の先もはなですし、岬なんかもいわはなですね。一番最初の先だっていうことがはなです。そのはなが発端ですね。ふつうの発端というのは江戸時代には、その芝居とは関係のないことをやっているんです。一幕ものでしかも御神楽《おかぐら》がだいたい主体の芝居です。だからあるいはこれは、もとは御神楽《おかぐら》ではなかったか、前に三番叟があって神様を迎えておいて、その発端では御神楽《おかぐら》をやったんではないかと、まあ私はそう思っております。それは一幕もので、宝を探したり、妖怪が出てきたり異様なものが出てくる芝居があるんです。これは後の芝居とは続かないんです。しかもこれにはまだスターが出てきません。大部屋の連中がこれをやってみせたんです。一つ目ということはないわけでございます。そしてその次に二つ目というのが序幕でございます。二つ目という幕になります。一つ目ということはないわけでございます。それで二つ目、それに対して、かえし三つ目、四つ目、五つ目とこう申しますが、この四つ目というものを二《ふた》たて目とも申します。つまりここでも立つという言葉が出てきますが、二立目、三《み》立目という。また二つ目三つ目とも言うわけですね。

二つ、三つという数え方の方がオーソドックスというか、日本人の正しい発音では、先程高沢会長が「この会が三つになりました」と言われて、はっと私は思いました、ああこれはいかにも日本の正しい言葉をおっしゃったんだなと思って目がさめたように思いましたが、かぶきでもこれがあるんでございます。時代物でセリフを言います時と、世話でセリフを言います時では同じものでも、つまり数え方が違う。どう違うかというと、番町皿屋敷でお菊の亡霊が皿を数えますね、そして、それを一枚二枚と数えるわけです。その時に時代のセリフで言う時には一つ二つと数える。で、世話物でやります時に一枚二枚となるんです。だからそこが時代世話というセリフの言い方の違いでございます。これは、どうも能狂言の方で「二人袴《ふたりばかま》」と言いますね。これの方がやっぱり本格で、歌舞伎の場合では、二人《ににん》と言うんですね。それはやっぱり能を崩したという観念があって、それがつまり二人《ににん》と言っているわけでございます。その時代世話の様式の違い、それは一つ二つ、一枚二枚の違いでございます。もちろん、演技の上でも時代世話の形の違いということが出てきます。こうした二本立の構造というのが日本人の考え方だろうと思います。

かぶきで言う時代と世話という考え方、つまり御神楽で言いますと、神主や巫女さんが舞います神事の舞と、それからひょっとこやおかめが舞いますやつしの舞、もどきの舞と、この二つがなければ完成しないというところがあると思います。それでかぶきの場合にも時代物、世話物という二つの考え方がございます。これは浄瑠璃でもかぶきでも同じです。能の場合では、能と狂言とこれが二つの考え方です。舞楽の場合でも左と右と、舞を二つに分けてしまっておりますね。これは中国ではそんなことはないのに、日本へ入ってきてから、そういうふうに分けるという方式でやっております。神楽の場合でもおそらくそれは、古い時代の日本人の儀式としての芸能の考え方からきているんだと思いますが、この二つの分け方、それがかぶきの演出上にも出てまいります。今言いましたセリフの場合ですが、所作の場合にもそういうことがございます。たとえば、汗をふくときにどうするかと言いますと、世話物で汗をふきます時には、我々日常やってるように手拭いで浴衣の下の肌をふきます。ところが時代でそれをふくとどうなるかというと、これは例の

「博多小女郎浪枕」の「毛剃《けぞり》」という芝居ですが、その時に小女郎という長崎の遊女が、愛人の小松屋惣七が毛剃と会って殺されるかどうかという瀬戸際になりますので、その時に「この汗わいのう」と言って汗をふいてやるところがあります。それはおいらんが懐紙を出しまして、胸の上からつまり着物の上から押えるのです。これが時代なんです。だから様式的になる。それが時代と世話の演技の違いです。

ですから、二つ目、三つ目、四つ目というふうに狂言が進んでまいりますのも、今日の西洋の芝居のように事件の展開ではなくて、連歌のようなものだと考えてよろしいと思います。つまりしりとりなんですね。どうなっていくかわからない。それは神のまにまになんです。つまり連歌というのは、笠着《かさぎ》連歌なんていうものがありまして、天満宮で行われる連歌会ですが、人が笠で顔をかくして句をつけるんだそうです。誰がそれをつけているかわからない。それが一種の神意になる。ですから、連歌というものは人為で作るんじゃない、どうなって進んでいくのか、神の意のまにまにでどうなっていくかわからない、つまりかぶきにもそういう構成の立て方があったんだろうと思います。二立目、三立目というふうに続いていきますのは一種の小道具、たとえば宝剣なら宝剣、鏡なら鏡というものがある、その宝がどう誰の手に渡っていくのか。それを合作制度ですから、作者が十人なら十人、今度はお前だよというとその次の場面を受けもつ作者が宝をどう扱っていくのかということを次の場面で書くわけです。そして一番の立作者というのが三幕目の大事なクライマックスを書くわけですけれども、どこにどうなってゆくかという、意外になっていくおもしろさというものがあります。それが立て直し立て直ししていくわけでございます。連歌なんていうものそうじゃないかと思いますが、立て直し立て直ししていく、それが新しいということですね。

だからかぶきは新しいというものでなければならない。これはお祭も同じだろうと思いますけれども、毎年趣向は新しくしなければダメだということです。日本人の心意伝承の構造、つまり考え方だと思います。これは一種の神道とも重なってくるもので、かぶきの場合もお祭の場合も毎年新しくなければいけない、清々しくなければならない、というところがあります。たとえば「弁天小僧」なんていう芝居がありましても、これは同じ古い芝居が当りますと毎年出しますけれども、外題だけは新しく変えなきゃならないという習慣があったんです。「白浪五人男」になりましたり、「弁天娘女男白浪《めおのしらなみ》」という外題になったりします。しかし中身は同じことをやっているんです。それでいながら外題だけは変えるんです。この習慣が残っておりますのは、長浜の子供芝居です。長浜のお祭の子供芝居の外題が毎年同じ明智光秀の芝居をやっていながら、外題だけは新しくしていく。これは本来新作でなければならないという伝承が元々あったからだと思います。

いわば芸能の方で言えば、俄《にわか》ですし、それから風流《ふりゅう》、新しく風流を見せる、風流は新しくなけりゃならない、毎年新しい風流を見せなければ神様の心には満足してもらえないんだといったところがあったんだと思います。これがかぶきに入ってくる立てもの、二立目、三立目の考え方の元ではなかったでしょうか。

鳴物の方でもよく「直す」と申します。本職の人達は拍子木をチョンと打って、もう一度打つ時は、直すというんです。鳴物を立たせる時には直すというんです。ここでも直すの言葉がまだそういう芝居の裏では使われているわけでございます。機を直すということも世を治すということも一脈通ずるものがあるんではないかと思います。ですから演出と申されないような我々の社会の形がかぶきの舞台にはたくさん、よく御覧になると残っておるわけでございます。もちろんかぶきというものは封建時代の中で生まれたものですから、男女の区別なぞはうるさく出来ておりますが、ですから、演出をしなきゃならないといわなくても、黙っておりましても、その江戸時代の行儀作法、日常座臥、それは自然と出てくるわけでございます。それは新劇の俳優ではそこは出てこないわけでございます。それがかぶきではきまっているわけです。

この間、南北の芝居の「杜若《かきつばた》 艶色紫《いろもえどぞめ》」という芝居を私が手がけましたが、そこにいやな男に盃を投げるんだという風にト書きに書いてございます。ぶつけるんだとこう書いてある。これを女方に何ぼ要求してもぶつけてくれないんです。それは、役者に抵抗があるんだと思います。女方というものは、行儀作法として、そんなもの投げつけるなんていうことはありえないという概念がちゃんとあるわけでございます。だからそれをはずすのが本当は芝居なんですけれども、それがありますので、一日だけやりましたけれども、他の女方から苦情が出たらしく、それで又次の日からやらなくなりまして、そっとおくんですね。これでは芝居にならないんですよ、ぶつけなければ。それでこれはどうもしようがないと思っておりましたら、ちょうど勘三郎さんがおりまして、これはどうしてもぶつけたいんですけどもと言ったら、ええ、ぶつけていいんです、結構です、それは上に立った幹部がそう言えばぶつけられるんですね。ですからその次の日からぶつけました。しかし、おそらくその言葉がなければ、女方の中の社会では、それをやっては女方を八分にされるというのがあるんだと思うんです。それですからそういうことが出来ないんですね。女方としては出来ないという長い伝統というか方式があるわけでございます。坂田藤十郎の時代には女方は立役の前でめしを食ってはいけないとか、そういううるさいことを言いました。今日でも舞台の上で女方は立役から一歩下がってするわる、これは常識でございます。自然とそこへ行くわけでございます。上下《うえした》になりますと、女は下で男は上ということになりますし、また、左右が決まっている。これは左は男、右は女ということが舞台の上で決まっておりますので、演出しないでも自然とそうなるはずでございます。このごろはあまりかぶきの人でも若い人は知りませんので、古い人でなければ知らないことがチョイチョイ出てまいりました。階段を三段と申しますが、段を上がります時に、立役は左足からのぼる、女形は右足からのぼる、しかも女方は右わきをのぼる、真中をのぼっちゃいけないんです。これがちゃんとした方式でございます。だからそれを必ず守って、ただ劇的なことによってそれがひっくりかえるとそれは非常にショックな演出になる。それが劇的な表現ということになりますね。その二つを使い分けるということになります。

左・右の概念は、かぶきの舞台の上では上手・下手とこう申します。客席から見て、上手が右で、下手が左です。だから花道は下手についている、道路は下手についていて入口も下手です。

京劇を見ておりましてもだいたいそうなっているようですね。おそらく左・右の概念は中国が元かも知れません。それは劇場が南面しているという約束、これはおそらく京都の御所も南面で左京区右京区と二つに分けているのと同じ構造だと思います。劇場の構造というのは本来は、それにならったものだと思います。ですから左の方が上です。左近の桜、右近の橘というような形になりますので、今日東京の雛祭は逆転してしまいましたが、これは会長さんに伺うとわかるかもしれませんが、いつから天皇様と皇后様の位置が変ったんでしょうか、それがお雛様のあれに影響しているんだと思いますが、京都は昔ながらに男雛は左、女雛は右におりますね。京都はやっぱり古い形を残していると思いますけれども、雛の飾り方は東京はつまり今日の宮中に倣ったものでございましょうね。

そういうことから、上下《うえした》の概念とか、そういうことがやはり違ってきているわけでございまして、かぶきには残っているということになります。

「儀礼文化」九号、一九八七年三月、一九八四年四月一四日・儀礼文化学会大会講演

見せるものではない盆踊

平成三年八月十三日、博多から対馬の厳原《いずはら》へ渡航。船中、本田安次先生が上京されて間もない頃、隠岐の島へお伴したことを思い出す。名にし負う玄界灘も不思議なほど平穏。このときは、いまは亡き上原輝男氏と同道、厳原で一泊して、翌朝、山越えして小茂田に向う。

佐須浦の元寇の役の浜辺に押し寄せる小石原の波音が忘れられない。小茂田神社あり。対馬は、古来、天道信仰が盛んだが、天道童子という童子形で示顕する。上県郡峰町三根のレストランから見た白嶽の形は、白山信仰の聖山の容《すがた》を漂わせていた。浜辺の和多都美《わたつみ》神社は、豊玉媛と磯良の母子二神を祀るという。海浜に磯良の墓と称する石あり。生湯の井戸もある。磯良については考えねばならぬことが多い。海岸には小石を積んだ塔が多くあって、二メートルを越えるものがある。

青海《おうみ》の盆踊は、十五日より始まる。この日は、小高い山上の曹洞宗の慈眼寺で、晩の九時すぎから、三々五々青年が集まる。すべて長男で、十人が二列縦隊となる。先の二人を先踊という。他に歌い手と太鼓打ちが一人ずつ、世話役を入れて総勢十三人。

　寺といっても無住の、八畳ほどの会所のようなお堂で、「各霊位供養辰」と書いた白旗を高い竹竿に結び立て、仏壇には位牌が並び、灯明がゆらめき、縁側は開け放たれて、裸電球一つの、その前庭で踊る。その下はすぐ崖ぷちで、二列の踊のほかは、立っている余地もない。子供が二三人ついてくるだけで、見物人もいない。われわれも縁側などから小さくなって見ていたのだが、そのうちに一人の青年が登ってきて、えらい剣幕で、通達がこなかったと、世話役に食ってかかった。ここの盆踊が、娯楽化したものとは違う、地元の尊厳にかかわる行事であることがよくわかる。年齢に制限はないが、高校を卒業して村へ帰った長男ばかりが十人で踊るという厳格性が守られ、世話役がわれわれにむかって、盆踊は先祖の供養のために踊るので、よそ者に見せるものではないと強調したのも身にしみた。そうだったのだと今更になって思い知らされる。歌詞などもほとんど聞き取れず、単調な小さな締め太鼓が片撥《かたぱち》で打たれるだけである。それでも、扇子踊・手踊・笠踊・棒踊とつづく。といっても、ほとんどが一節か二節ですぐ終わってしまう。棒踊などの切れ切れの歌詞を聞くと、〽鷹が巣をかけ」とか、〽むんずと組んで波打際に、うちかさなり」とか熊谷・敦盛の組打らしきものや、〽若い時にお江戸の」などの文句がわかるが、書きつけた詞章もなく、また歌手自身も十分に覚えていないようである。歌詞については、改めて捜査したい。

世話役の話では、正式の踊は、翌十六・十七日の踊だという。この日は思い思いの浴衣がけだったのが、次の日は白地の着物に変る。以下は世話役からの聞書《ききがき》である。

十六日は、夕刻四時頃から、門のある平山家を一行が出て、田圃の端にある天より降りたという石の前で小走りになり、踊場へ繰り込む。一行は一列となり、先踊を先頭に二番目に師匠、三番目に副師匠、あとに続くものは白襷がけに太刀をつける。一番目は挟《はさみ》箱《ばこ》を担ぎ、二番目は法螺《ほら》貝《がい》を吹く。あとから太鼓を二人が棒に通し、五つ叩く。次に鉦《かね》が一人で、先踊は赤の片襷で、行列のときのみ刀を差す。また「ヒゲ」といっている東北の「つぼけ」に似た棕櫚《しゅろ》を植えつけた棒持がいちばん後につく。

踊場に着くと、「テンボ」を打ち、爆竹を鳴らし、囃子をやめる。「やっさ〱」の掛声で、挟箱と棕櫚持がまわり、太鼓を打って踊となる。むかしは三番まであったというが、いまは一、二番までだという。踊は「手踊」が黒衣をつけ、「扇子踊」とつづき、〽奈良は塗笠、春日は三笠」などと歌う「笠踊」が済むと、「えんずり」をはずし、車座になって御馳走の宴になる。十一人はそれぞれ重箱を提げ、焼酎一升を持つ。「えんずり」というのは、丈の高い竹の下から四節までの枝を切り払い、上から三節目に蕎麦殻を入れた小さな三角形の色布をぶら下げる。この形のものは、寺のときのもので、家に飾るのは、てっぺんに茄子、次に南瓜を刺し、紙に「一〇一川」と書いたものと取り替える。御馳走が済むと、最後は「杖（棒）踊」で、脚絆に黒足袋、下は白のパッチに上衣は黒衣・黒帯・白鉢巻で、杖の打合を演じ、一人だけの白衣が枝を打ち落とされて、刀を抜き合わせるが、このとき両襷になる。

十七日は、青海神社と浜で踊る。浜は「イワシ神様」といわれるところで、「えんずり」を立て廻って踊る。太鼓に鉦が加わり、廻りながら「えんずり」を突く。このとき、「掛け歌」「納めの歌」があって、「えんずり」の竿を海に投げ込む。六、七時頃で、その日の夕日が沈むときにすべてが終る。

「えんずり」といわれる竹の竿は、七夕の竹でもあり、かつて十津川の盆踊で見たものを思わせるものであった。ここらでは、初盆の家は、高い竹に六尺ほどの白布を立て供養の旗にするということだが、霊を迎える標示と思われる。葬式の行列は、必ず通る路が決まっており、街道と沿うて田圃のなかの、いつもは誰も通らない細い草深い路を教えられた。

ここの盆踊は、祖先の霊を迎え、響宴し、送るという三日間の古風な様式が明らかであり、送るというより、最後に霊を追放するといった、恐れの心意伝承を残しているのが印象的であった。

『本田安次著作集』第10巻付録、一九九六年九月

ある秋の日の対話（インタビュー）

「歩く」はとにかく歩かせてみようとはじまった

――今回の「歩く」をおやりになってお感じになったことをうかがいたいのですが。

郡司　今までとは違う芝居のつくり方をしてみたいことがはじめにありました。私も最初は五里霧中でわからないんだけど、稽古しながらやってみたいということが一つあったわけです。それには一応、歌舞伎の人たちが基礎訓練でするような六方《ろっぽう》なり丹前《たんぜん》なりを教えているうちに、それがどうふくらんで、どういう方向にいくのか、見てみたかった。シアターXでちゃんと十分な稽古日数を取ってくれるというから、じゃあ、やってみようかという気になったわけです。だから、ストーリーも何もない。

――この「歩く」公演を私のまわりで「面白い」と言っている人は、プログラムに載っていた先生の台本を読んで、あのスクリプトが、こういう舞台の形象になるのかというのが非常に面白くショックみたいでした……。

郡司　あの台本も最初からできていたわけじゃない。稽古の段階で動きのほうから出てきたわけです。動きから出発した。とにかく歩かせてみようという動きのほうが先で、そこから何かが出てくれば……、科白《せりふ》が出てきたって何が出てきたって構わない。そうなればいいことで、稽古して動いているうちに、おれはこういう科白を言いたいと役者が言ってくれれば、面白いんだと思うんですよね、本当は。科白はすでに作ってあったものを覚えてから言うのではなく、本来、動きから生まれてくる叫びなんだから。

私が今度この芝居で一番面白かったのは、全然歌舞伎も文楽も知らない連中に遭ったということ。そのこと自体がショックだったし、新しい局面だったんですよ。楽しかったですよ。歌舞伎なんて見たこともない連中があれだけになっていくということが不思議な気がしました。私としてはたいへん新鮮な経験だった。この年になってそういう経験させてもらった。

危機を感ずる人間が本来、役者だと思う

――このごろ芝居は観に行かれなくなったとか。

郡司　私がだんだん芝居に行かなくなってきたのは、幕が開いた瞬間わかっちゃう芝居ばかりでしょう。

――今の芝居は見だしたらすぐ裏まで見通せちゃうような芝居が多いですね、テレビドラマみたいな。

郡司 それはつまらないし、私も先がないから時間がありませんから、そんなものに付き合っていられないという気持がある。とにかく楽しく時間をつぶせば面白い、よかった、及第の芝居……。これではやっぱりねえ、単なる消耗品で、つまらないと思いますよ。どこかで発火点を仕掛けておかないと。

――世の中がよくなっているかというと、だんだん悪くなって、非常に危機感が高まっているはずなのに、なぜかみんな、それに目をつぶる方向で、芝居までが時間つぶしとか、現実を見ないで済むような時間に持っていってしまうんですね。

郡司 そうなんだよね。そういう繁栄している中の危機感というものを感じとってくれる感覚が、舞台にも見物客にもなくなっているでしょう。せめてそういう不安感だけでも起こすような芝居がほしいね。

――先生が以前に、「危機感のないところに演劇は生まれない」とおっしゃったんですけど。

郡司 演劇は危機感から生まれてくると考えている。世の中のバランスを外したところから、芝居というものは生まれてくるんじゃないか、戯曲というものは生まれてくるんではないかという気がするんですね。そのバランスは正しいものなのか、いまみたいに単なる盲目的に妥協の、流されていくだけがバランスなのか、ということに目覚めた狂気の人間がいて、そのバランスに危機を感ずる人間が本来、役者だと思うんですよ。バランスをとれる社会人から見れば狂った人間。だけど、狂っていないほうが正しい人なのだとは本当はいえなくて、よほど贋物であって、狂っているほうがよほど本物だということがいえる。

それにしても、ちょっと狂った人間がいなさすぎるんだよ、いまの世の中。

――ここまで巨大な枠の中にはめられると臆病になってしまうんですね。

郡司　無意識なんでしょうね、きっと。臆病になること自体が無意識である。それでないとやっていけないという意識があるから、強いてそれを平和として受け取ってしまう。危機感を感ずるのは、一種の直感だと思いますよね。俳優としての、芝居を業とする人の直感だと思いますよね。いま、そういう直感を持つ人が非常に少なくなった。

動乱期だとわりあいにそういう人が出てくる。だから、動乱期のほうが優れた作品が生まれてくるわけです。

――いまも本当はすごい動乱期なんでしょうけど、現象的には泰平……。

郡司　そうなんですね。下ではヘドロがウンとたまっているんだけど、上は澄んでいるというか、甘い水があるということだと思います。しかし、そういう現象自体に何も感じないということが……。

――考えないことにしている。

郡司 そう。だが、気が付いて考えないことにしているんじゃなくて、自然と考えないで済む世の中になっているから、そのほうがいいというか、楽ですもの。

食えないということも大事な、生きていく道の根本的原理

――危機感を感ずる人が本来、芝居をやるものなんでしょうけど、いま芝居やっている人たちの多くは、ビジネス、職業として考えている。

郡司 そうだね、職業として考えているわけです。

――どうやったら「ウケる役者になれるか」のためのノウハウを身に付けるとか。

郡司 いかに収入が多くて、世の中の絶賛を博すような人間になれるかということだけになってしまって。

学問だって、無償の学問があっていいと思うんだけど、いまは全部職業として、職業の技術としての学問になっちゃっているんです。だから、無償の学問をやったら食えなくなるんだという。食えなくなる楽しみなんてものを考えられもしない、いまの人は。

――食えなくなる楽しみというものがあったんですか。

郡司 ハハハハ……、いえ、貧乏の楽しみはあったと思う。貧乏だからこそ毅然として人間はやっていけたという精神があったと思いますよ、昔は。「清貧」という言葉があるけ

れども、怖いものはない、清貧の場合は。金をだんだん持ってくると怖いものだらけですよ。失ってしまうことに戦々恐々として。

食えないということも大事な、生きていく道の根本的原理です。食えないことを出発にしなければ、動物なんて一人前になれない。親が保護ばかりしていたらね。だから親は、狐でも狸でもみんな、年になると外へ出そうとする。子どもを蹴散らして、追い出してしまう。そして無一物から自分から物を獲ることを教えていく。それは善悪とは関係ないのです。そういう生きていくという事象をいまの若い人はなくしてしまっているんだから、結局は。

――芝居を観てどうしようというんじゃなくて、ひまつぶしに観ている人にウケるとしたら、わかりやすくて、おもしろおかしいものということになるわけですよね。

郡司　そうですね。批評家も、欠点がない、うまくまとまっていれば、「よくできました」というマルをつけるわけです。本来、警鐘を鳴らすことが批評家の役目なんですが、いまは批評家の水準が一番落ちている時代だと思いますよ。もう少し批評家がちゃんと第一線で役目をまっとうしていれば……。昔は批評家であり、演出家であり、作家であるという人がかなりいたけれども、もうそれもいない。

演劇が総合芸術というのは私は嘘だと思う

郡司　演劇が総合芸術というのは私は嘘だと思う。商業ベースからみたらそういうことであって、演劇の本質とは関係ない。

結局突き詰めていけば、俳優だけいれば演劇は成り立つと思うんです。俳優は同時に演出家でもあり、作家でもある。それがだんだん大きくなって分業していくと、大劇場になっていき、総合芸術になってくるわけです。そうなれば、それぞれの担当がけんかすることなくうまくやっていこうとなるだけ。絶対妥協できない点がたくさんあるんだけれども、目をつむり妥協することによって芝居が成立していくようになってしまう。だから大劇場主義というのは間違いだと思う。

――そうなってくると、ますます役者の俳優修行が重要になってくるのですが、いま俳優修行はいわゆる演劇大学がないからだめなんだとかいわれてますが……。

郡司　そう、大学がないからだめとか。もちろん比較してみれば、それはあったほうがいいということにもなるし、そういう場があると羨ましいということにもなるでしょう。だが、根本的には俳優の革命、俳優個人の革命しかない。

寺子屋で、その人の方式で最高な教育をする

――それにしても、俳優のための基礎の勉強をするところができないと……。

郡司 やるとしたら、寺子屋が一番だと思いますよ、学校方式でいろいろな先生を呼んできてやらせるなんて、あまり成果がない。やっぱりワンマンというか、独占で、その人の方式で最高の教育をする。俳優もその人と合わないと思ったらどんどん辞めていけばいいわけだし、理想だと思いますけどね。

――じゃ、先生の寺子屋をつくろうかな。

郡司 フフフ。

――寺子屋って、別に毎日じゃなくてもいいんでしょう？

郡司 合宿みたいなものだね、ときどきの。

――その寺子屋の先生は、一人ということなんですね。

郡司 一人でなくたっていいと思いますけど。仲間が二〜三人いたって構わない。だけど、お互いに、あいつのことはよくわかっているという連中でないと具合が悪いです。有名な人ばかり集まってきたってダメだと思います。

（一九九七年一〇月七日・U）

注、郡司正勝先生の最後の作・演出となった「歩く」の初演、ポーランド公演を終え、シアターＸ五周年記念プロデュース公演『帰って来た「歩く」』を控えたある秋の日、郡司先生にその「歩く」のプラン、今日の演劇について語ってもらった。

「シアターXファイル　1998」一九九九年四月

イメージ・スクリプト　台本

歩く

もし人類が歩くことができない生物だとしたらを、念頭において構成した。この人生にとって「歩く」とはなにを意味するのか。

第一景　元禄花見踊

人間は平和を望む。しかし平和の世界というものが本当にあったのだろうか。人類の永久の夢幻の世界、妄想ではないのか。

太平というものの身振、表現、を太平に讃えた元禄時代の花見踊に托してみた。目の前を通り過ぎてゆく平和の幻。青春とは、天国か　地獄か。

第二景　予告（御注進）

われわれの平和は、常に不安に襲われずには成立し得ない。

平和の花は、現実にはいつも確実に眼の前で散っていった。

そのキザシ、前触れは、いつやってくるかも知れない。

「御注進〳〵」

「ナント〳〵」

告知する天使の夢は、いつもおびえている。暗い影はつねに忍びよっている。それが平和というものであろう。

第三景　花魁道中

平和はもろく、誇り高き偽りの形。花魁道中に、つかの間の夢を托してみる。憧れと驕りと色欲に、文化に、酔いしれる平和が生み出す、差別、軽蔑等々。

第四景　凧の戯れ

男たちは、平和という馴れにいつも剽軽に時代の風に乗って浮かれ、金蔓の糸に繋がれては右往左往して、人生に踊らされる。

第五景　元禄花見踊（乱）

平和には疲れが出る。精神の荒廃。世紀末の爛熟と乱れを、再び花見踊の変相として表現する。

第六景　暴れ六方

世は暴力の衝動にうごめき。征服欲と乗っ取り、暴走族の殴り込みなどが、日常となる時代がやってくる。

第七景　だんまり

闇によって表現される時代。人と人の不通となった疑惑と陰謀が手さぐり、足さぐりに表象される。

第八景　人形の動きで象徴される社会相

われわれは、何者かによって操られてゆくのを感じる。それを人は運命といい宿命と呼んだりする。

（A）　櫓のお七

恋愛は、出会い、ゆきずり、相手を乞うという輪違いの宿命で、それは愛という救いでもあれば愛という地獄でもある。一抹の光明でもあるが、また執着という闇でもあり、永遠という幻でもある。

（B）

誰にでも一度はおとずれ消えてゆく「無情の夢」というやさしさ。

第九景　盆踊という行事

人間は老いも若きも死を隣り合せに生きている。人間の社会が生んだ盆行事は、この世とあの世を橋渡しする道であり、季節である。（女性たちによる白石島の盆踊りで代表する）

第十景　男の歴史

男には歴史がある。

落人の武士たちが百姓となって隠れ住んだ歴史を。（男性群によって五箇山の麦屋節によって代表する）その誇りと現実。

第十一景　戦場の人

人々は国家という巨大な魔物によってしばしば犠牲にされ戦場に引出される。それにはお互いの殺人が待っている。

第十二景　葬式の行列

人生最後の儀式である葬式の行列がつづく。

人間悲劇とは視点を変えれば人生喜劇でもある。
泣き笑い。劇は人生の表象として芸術になる。

（あとがき）

舞台は人生の肉体の表象である。劇であってもよく舞踊であってもよい。それは一種の見世物なのである。

このたびはポーランド公演という目標をもったために、セリフを極力さけた点が一つ。もう一つは日本人としての伝統の表現様式をもって構成してみせたいといった目的によって創作の意企としたものである。

シアターＸ五周年記念プロデュース公演　帰って来た「歩く」

発　端　ポーランド帰りの再演では、三番叟を見立てて祀りとする。祝うとはなんとも不可解な人類の歴史の始まりの象徴というべきか。

第一景　日本の若者が、踏切りで足踏みをしている現状をもって幕あきとする。いま、若者たちには雨が降っているはずである。白い雨か。黒い雨か。

第二景　曇のち晴の不安定。過去は夢のごとし。タイム・スリップで、元禄の花見踊の渦に入る。

第三景　花は嵐を待つ。信じられぬ平和をなぜ人類は叫ぶのか。惰弱千万といわねばなるまい。天来の予兆の注進しきりなるを人類は気がつかない。

第四景　虚飾の華は花魁道中のごとく咲き誇れども捨てられた野良猫は救われたためしがない。

第五景　糸が切れれば奴凧同様、足はあってもなきがごとし。

第六景　暴走族は荒れ、走り回れども、あとの闇は濃くなるばかり。

第七景　心の闇と暗黒政治を紡ぎ出すだんまりの洞窟。地底の侵蝕を脱出すべき手があるのか。

第八景　闇の総会屋に操られ、腸《はらわた》のない鯉の吹き流され。

第九景　恋は止まることを知らず、かつて恋には命がかかったが、いまは「無情の夢」と化す。

第十景　生霊・死霊を葬れども、この世の縁は切れてある。

第十一景　百姓一揆はむなしく、軍隊を誘発する。

第十二景　戦勝・戦敗、わが道にあらず、笑うべし人間の愚行を。

第十三景　枢の須臾にして送迎す。無情喜ぶべし。あざ笑うにしかず。

注、シアターX札幌特別公演は、帰って来た「歩く」の第八景を第六景に入れ換え、もとの第六景を省略。一景少なく、全十二景で構成してある。

早稲田大学演劇博物館創立七十周年記念公演

発　端　ポーランドの三番叟
千歳

第一景　雨が降る

第二景　元禄花見踊り

第三景　ご注進
暴れ六方

第四景　リア王　荒野の場
挿話、劇中劇　坪内雄蔵訳『リヤ王』第二場「荒野の場」より

暗転

人岩、出る。
リヤ、岩の中より出る。

（尚あらし。リヤ出る。）

リヤ　吹《ふ》けい、風よ、汝《おのれ》が頬《ほほ》を破れ！

（風の音）

荒《あ》れ廻《まは》れ！

（風の音）

槲《かし》を突裂《つんざ》く雷火《いかづち》の前駆《さきばしり》の雷光《いなづま》よ、我白頭《わがはくとう》を焼焦《やきこが》せ！

（雷鳴る）

天地を震動する霹靂《いかづち》よ、此圓《このまる》い地球を真平《まつたいら》に打砕《うちくだ》いてくれい！
恩知らずを造るありとあらゆる物の種子《たね》を打潰《ぶつつぶ》してくれい！

（あらしますます〱烈しくなる。）

思ふ存分に吹け！

（電光）

吐《ふ》け火を！

（大雨）

噴《ふ》け水を！　雨も風も雷《らい》も電光《いなびかり》も予《おれ》の女兒《むすめ》ではないわい。あの邪曲《よこしま》な二人の女兒共に合體して、此齢を取った白髪頭《しらがあたま》へ天の軍《いくさ》を向けるとは。

おゝ！おゝ！　卑劣ぢやわい！

（あらし、尚激しく荒れる。）

（はげしき雷電。）

人の知らぬ大罪《だいざい》を犯《をか》いたことのある悪人よ。汝《なんぢ》、人殺しの記憶《おぼえ》ある奴。汝、偽《ぎ》誓《せい》の罪ある奴。汝、邪淫《じやいん》を犯しながら表に貞操《ていさう》を粧《よそほ》ふ奴。身の寸裂《ちぎ》るるほど戦慄せい。汝、うまく〱と人目を昏《くら》まし、謀《はか》つて人を陥《おと》しいれをつた悪党め、戦慄せい。ありとあらゆる隠匿《いんどく》よ、汝《おのれ》の包みを蔵《かく》いてをることを打開いて、此怖しい召喚《よびだし》に対して慈悲を願へ、慈悲を。予《おれ》は、罪を犯《をか》いたといふよりは、罪を犯されてをるものぢやわい。

（尚、あらし）

あゝ気が狂《ちが》ひさうになつた。

電光一閃《いつせん》

人岩、崩れる。

リヤ、倒れる。雷鳴止む。

救急車の駆けつける音。
暗転。リヤ、運び去られる。

第五景　花魁道中／猫の花魁

第六景　凧の戯れ

第七景　だんまり

第八景　人形が操られる社会相
（A）マリオネット
（B）鯉
（C）櫓のお七
（D）無情の夢

第九景　盆踊という行事
（白石島の盆踊）

（海底の亡霊）

第　十　景　男の歴史

（五箇山の麦屋節）

第十一景　戦場の人

チンドンヤ

第十二景　葬式の行列

上演記録

初演
期間：一九九七年六月一六日〜一八日
劇場：シアターX

スタッフ
演　出　郡司正勝
振　付　坂東みの虫、中村京蔵、花柳小春
付け指導　土佐伝
衣　装　佐藤笑子
音　素　高橋嘉市
照明・舞台監督　相川正明
演出助手　江ノ上陽一
宣伝美術　繪師八朗

キャスト　飛鳥信、天祭揚子、いちょう光暢、井上真理、大髙健二、神田剛、北川さおり、北村魚、佐川剛一、沢木めり子、渕野直幸、宮川雅彦、武藤翠、八尾建樹、山本啓泉子、吉田敬一

プロデューサー　上田美佐子
制　作　野中剛、本山康弘
協　力　大倉直人、鈴木八朗、林英樹、細川照子、三宅榛名、矢島克仔、矢野通子、和栗由紀夫
製　作　シアターX、（有）ランドスケープ

ポーランド公演
期間：一九九七年六月二二日〜三〇日
劇場：クラクフ公演、日本芸術・美術センター（MANGGHA）
ワルシャワ公演、現代美術センター
＊スタッフ、キャストなどは初演と同じ。

シアターX五周年記念プロデュース公演　帰って来た「歩く」
期間：一九九七年一一月二五日・二六日
劇場：シアターX

スタッフ
演　　出　郡司正勝
振　　付　坂東みの虫、中村京蔵、花柳小春
振付助手　大倉直人
付け指導　土佐伝
衣　　装　佐藤笑子
音　　素　高橋嘉市
照明・舞台監督　相川正明
演出助手　江ノ上陽一

キャスト　天祭揚子、いちょう光暢、江ノ上陽一、大高健二、小野廣己、神田剛、北村魚、佐藤祐貴、沢木めり子、林佳、武藤翠、八尾建樹、山岡貴志、山本啓泉子、吉田敬一

プロデューサー　上田美佐子

制　作　八木榮子、清水義幸、小池佐記子、三村正次、本山康弘、森下昌子、野中剛
製　作　シアターX、(有)ランドスケープ

シアターX札幌特別公演
期間：一九九八年二月九日・一〇日
劇場：かでる2・7ホール

スタッフ
演　出　郡司正勝
演出補・振付　江ノ上陽一
振　付　坂東みの虫、中村京蔵、花柳小春
照　明　武内昭二
舞台監督　大野頌
衣　装　佐藤笑子
音　調　高橋嘉市

キャスト　天祭揚子、いちょう光暢、江ノ上陽一、大倉直人、大高健二、小野廣己、神田剛、北村壽子、佐藤祐貴、沢木めり子、林佳、八尾建樹、山岡貴志、山本啓泉子、吉田敬一

プロデューサー　上田美佐子
制　作　八木榮子、清水義幸、小池佐記子、三村正次、本山康弘、森下昌子、野中剛
製　作　シアターX
Special Thanks　新堂猛、飯塚優子、江口剛史

早稲田大学演劇博物館創立七十周年記念公演

期間：一九九八年一〇月六日
会場：早稲田大学・演劇博物館野外舞台

スタッフ

演　出　郡司正勝
演出補・振付　江ノ上陽一
振　付　板東みの虫、中村京蔵、花柳小春
照　明　小川俊朗
舞台監督　相川正明
衣　装　佐藤笑子
音　調　高橋嘉市
協　力　山本健翔

キャスト　飛鳥信、天祭揚子、いちょう光暢、大倉直人、大高健二、小野廣己、神田剛、北村壽子、佐藤祐貴、沢木めり子、林佳、武藤翠、八尾建樹、山岡貴志、山本啓泉子、吉田敬一、（特別出演）根本嘉也

製　作　シアターX

シアターX　郡司正勝先生追悼公演

期間：一九九八年一〇月一一日
劇場：シアターX

スタッフ

演　出　郡司正勝
演出補・振付　江ノ上陽一
振　付　坂東みの虫、中村京蔵、花柳

小春
照　明　小川俊朗
舞台監督　相川正明
衣　装　佐藤笑子
音　調　高橋嘉市
協　力　山本健翔

キャスト　飛鳥信、天祭揚子、いちょう光暢、大倉直人、大高健二、小野廣己、神田剛、北村壽子、佐藤祐貴、沢木めり子、林佳、武藤翠、八尾建樹、山岡貴志、山本啓泉子、吉田敬一、（特別出演）根本嘉也
プロデューサー　上田美佐子
制　作　八木榮子、清水義幸、小池佐記子、本山康弘、森下昌子
製　作　シアターX

台本　原始かぶき

青森のキリスト

登場人物

キリスト
毬屋
油太
権太
道化（悪魔）一
道化（悪魔）二
兵士

A
B
C
D
E
F

太鼓

序段　道行ゴルゴダの丘

「愛馬行進曲」
「祭囃子」に変わる。
「三条神楽」
「祇園囃子」など、
イスラエルの音楽
（東洋音楽）

祭の行列。いろ〳〵各国とり交ぜ

狐の嫁入。喰え面の狐

野次馬三頭。冠り面

従う群衆。
賽銭箱を担ぎ、
キリスト罪状の高札をもつ。
「ユダヤの王、キリスト、多くの人民を惑わした罪により処刑。警視庁」

群衆の声　「王様万才」

「ユダヤの王万才」

「おかわいそうに」

「ざまァみろ。女・子供を誑かしおって」

「尊師さまァ」

「天王様は囃すがお好き」

「わい〱と囃せ〱」

「サリンとはつらいね」

「てなこと、おっしゃいましたかね」

東雲のストライキ
〽なにをくよ〱
川端柳
　ナントショ

太鼓（亀井氏）登場
一丁にて囃す

鞭をもった男に追い立てられ、
キリスト十字架を背負って、よろ〱と登場。
舞台中央で、十字架に押しつぶされ、下敷きになる。

天の声　「起きよ、神の子」「エリヤは来ませり」
　キリストの苦悩。

悪魔（道化）の活躍。斧をもつ。
キリストの苦闘数刻あって、立上って、再び行列の騒ぎ起り、みな上手へ入る。
太鼓静かに退場。
槍をもった兵士（黒衣）らの登場と踊舞台陽が落ちる。
舞台真中に、裸のキリスト十字架に付けられたまゝ立上る。琵琶の音。
舞台次第に暗く、夕陽丘の彼方に残る。
隊長の指揮で、兵士、左右より槍にて、キリストを衝く。
キリストの絶叫。
「神よ。どうして私を見捨てられてしまわれたのですか」
キリスト息絶える。血流れる。
雷鳴烈しく、一瞬暗くなり、十字架に火柱立つ。落

第二段　ゆうかり《ユーカリ》引

雷。
キリストの肋《あばら》残り、キリスト昇天する。
群衆「ワァ」と逃げ散る。

薄明かり。
油太、岩蔭ら這い出す。

油　「尊師を助けようばっかりに、仕組んだことも鶍《いすか》の嘴《はっし》、水の泡となり果てゝ、キリストを売ったは油太と後の世に、悪名残すは覚悟の上。しかしながらここは、ひとまず姿を変え、後の様子を、そうじゃ――」
と小隠れ。

毬屋登場。糸立。吹き流し。

毬　「騒ぎにまぎれ幸いと、こゝまでは来たものの、見付けられては一大事」

陣笠を拾い

毬　「オヽ、よいものがある。雑兵とやらに姿を変え、そうじゃ〳〵」

中央にて女装して出た油太とぶつかる。

油　「おどろくじゃねえか（男）イヤ、びっくりしたわいのう（女）」

毬　「びっくりしたは、わたし（女）イヤおれが方じゃわい。シテ、お前はどこへゆかっしゃる（男）」

油　「コレ、わしを連れて逃げておくれじゃないかえ（女）」

毬　「シテ、マァ、お前の名は（男）」

油　「わしかえ、（男）イ、エィナァわたしはひょんなとこ

衣装　蝙蝠安のよう。

合方（タンゴ）

ろへ連れてこられ、出家せぃとのことゆえに、よう〳〵ここまで逃げてきた、毬屋という都の白拍子じゃわいなァ（女）」

毬　「エヽ、（惚りして、思わず女になり）なにいわんす。毬屋というは、私じゃわいなァ、そうして私の名を騙るそなたは、たれじゃ、だれさんじゃ」

油　（男になり）エヽ、あらわれたか。油太サ、サァその毬屋にぞっこん惚れこんだ、オウムの油太という者さ」

毬　「そんなら、お前がオウム大臣のキンチャク切、油断のならない油太さまか」

逃げようとするのを捕え、

油　「ハテ、珍しい対面じゃナァ。こちや、とうからこなたにぞっこん入れこんだ油太さまだ。（女の声で）どうぞ心に従うて、早くこの場を連れて退いて下さんせ。（男の声で）どうじゃ、うんといえ、うんといえ」

毬　「それじゃ、上九条の廓《くるわ》では、裏切者と隠れもない」
油　「通う裏道、アジトの宿」
毬　「金《かね》で買ったる信心も」
油　「富士の裾野の信者の巻狩」
毬　「無理にわたしを連れ出して」
油　「ゆけど、ぴんしゃん振切って」
毬　「ぜひに一夜の手合せをと、拝ましゃんした下心」
油　「鳴く蟬よりもなか〳〵に」
毬　「鳴かぬ蛍が身を焦がす」
油　「気が変った。焼却炉へぶち込むぞ、やらぬ〳〵」

立廻りあって、毬屋、斧を拾って、一太刀、油太を切る。

油　「コレ待った。憎いであろう。尤もだ〳〵。これまでお前に会《あお》うために命永らえた油太が本心。ひとまず聞いて下され、コレ毬屋様《どの》。尊氏キリスト様を売ったとみせたは、まことは日本へ渡す証拠となる。この聖帛布を」

腹を切りまわし、血染めの聖帛布を引き出す。

油　「コレ、これをお前に渡そうばっかり、これさえあれば、キリスト様を、青森ヘライ村へご無事お送り申すことができるじゃまで。わしは後の世まで、尊師を売った裏切り者と、世界中から指さされ、大罪人の汚名をうけ、無間地獄へ墜ちるとも、コレ、毬屋、お前だけには本心打あけ、どうぞキリスト様のお行衛を見届けて下さりませ、コレたのむ」

ガックリこと切れる。

毬　「そうでござんしたか、チェ、有難い。これで成仏、アーメン」

辺りをみまわし

毬　「それにつけても、キリスト様は、いずくに」

正面の石の間に、白衣の裾を見付け

毬　「ヤレ嬉しや。アノお方の衣じゃわいナァ」

石を押してみるが、動かぬゆえ、きっとなって

三味線合の手 or 胡弓

毬　「エヽ意地の悪い、重たい石じゃ、コレ辛気な石わいのう。どうしたら、この石が動こうぞいなァ。ムヽ、そうじゃ、伝え聞く、日本国には、石神様、石仏様がおるとのこと。どうぞ力をお貸しなされ、日本の国まで、キリスト様をお連れなされて下さりませ。南無石地蔵、石薬師《いしやくし》、石神井《しゃくじい》様、伊勢の国には鸚鵡石《おうむせき》様、播

磨の国には石の宝殿《ほうでん》様、天の岩戸の多力雄の命様」
方々を伏し拝み

毬「石となったる領布振る山の松浦佐世《まつらさよ》姫、その一念には劣るとも、やわかこの石、動かさいで置こうか」

石無間の見得。石を押すとドロ〳〵で、ポッカリ石落ちて洞窟となり、白衣のキリスト赤子を抱いている。二三歩、あゆみ出してバッタリと倒れる。毬屋駈け寄って、

毬「エヽ、コレキリスト様、尊師さま、モシしっかりなされませ、も早、一刻もこの国にはおられませぬ。息あるうちに、日本の国へお連れ申さでおこうか」
「これは隠し子様か」抱いて、

ドロ〳〵
黒人霊歌（賛美歌）

キッと見得。肌抜ぎ。

毬　「オヽ、そうじゃ〳〵」

斧を拾って、蔭で、オリーブの枝を切る心で、キリストの遺体をのせる。

三味線の合方

兵士（油太）出てからむを、もんどり打たせ、見得。赤子を背負って、オリーブ引の体。振りかぶせ。（消し幕）

道化一、二出る。

道一「浄財はどこへ隠しおった」
道二「中二階だ」
道一「イヤ、地下へ埋めたか」
道二「剥がしてみよう」

舞台の地がすりの角を剝す

道一　「ヒヤー狸の金玉ほどある」
道二　「八畳敷か」
道一　「あそこが日本だ」
道二　「青森のヘライ村がみえる」
道一　「そうだ、原爆の廃棄物は青森へ捨てよう」

煙が下から出る。

道二　「そうら、焼却炉から煙が出た」
道一　「たれかポアされたらしい」
道二　「イヤ、サリンではないか」
道一　「苦しい。臭い。何とかしてくれ」
道二　「臭いものには蓋をしろだ」

塞ごうとすると、逆に後から立上り、二人は飛ばされる。
（羽根が出て、飛上る。天使の変身）
地がすり、立上って帆となる。聖帛布の紋所であること。

第三場　さんた丸舟出の段

立上った帆、風を孕む。波音。
船歌〽雨よ降れ〱風なら吹くな、わしが親爺は船乗りじゃ。風は諸国を吹きめぐる
囃子方、壷をならべ、調子を叩く。
船子の踊（チルボンのシントレン、ワリライスの踊）
船が往く。
雪が降ってきて、暗くなる。

大切　青森戸来村の段

立上った帆が下ると、次第に、ゴルゴダの丘に似た雪を冠った青森戸来村の丘が現れる。吹雪止む。

軍歌〽雪の進軍氷を踏んで、何処が河やら道さえ知らず、馬は倒れる捨てもおけず

瞽女となった老いたる毬屋を引ずって、石切りの権太出る。

権太「コレサ、お袋、イヤサ婆、有金残らず出してしまえさ。こんな片偏界にいられるものか。これからはトーキョウに出て、一旗挙ねばならぬ。新しい世を造るのだ。革命を起さにゃならねえ。出さねえか。コレ」

毬「コレ、イシキリ。キリスト様といわれるお方のお子がこの有様。田地田畑売り払い、今はなに一つ残ってお

らぬわやい。どうぞ悪心改めて、父上に代って神の道を説いて下され、コレ拝みますわいの、頼みますわいのう」

権太　「ナニ、神の道も人の道もあるものか、これからはサタンの道、天使の暴走族、親父が盗んだたかがユダヤの王などとはチャンチャラおかしい。今の世の人種をみさっせ、悪魔の手下となって、戦争や汚職ばかりしおって。この俺様などは、世界の王となる。ワダバゴットになるじゃまで。サァ金を出せ、全財産を寄進せ。原爆を作る元手とするわ。ナニッ、金はない。金がなければ、金目のものを出せ、いつもその懐に大切にして隠しているものを」

立かゝり、毬屋の懐より、聖帛布を引出し、毬屋を蹴倒す。

ところへ、出征兵士を送る行列。前段のクロの兵士たち、逃げて入ろうとする権太をつかまえ、無理に軍服を着せて、列の中へ引入れ、追立てる。
万歳の声〽勝ってくるぞと勇ましく、誓って国を出たからは
雪吹く。後へ十字架立上る。
毬屋起き上り、握り飯を食い、三味線をひく。（ジョンガラ節か）
三味線を置き、

毬　「このリボンヌも、むかしはマリヤ小町といわれたものだども、△遠い昔のことやら、昨日のことやら、もはや分らぬようになってしもうて。アノ、尊師の御子イシキリの権太様も兵隊にとられて往ったきり。……こうすて、股ぐらから覗いた国、夢のような景色でねえべか」

リンゴの花片。知床旅情

黒の燕尾服（礼服）帽子の男が上手から現れ、下手より引返し、毬屋の股の後を通って、十字架の蔭に入る。

上手へ、変身した白衣女装のキリスト変じて

キリスト　「マリヤよ、急いですぐにゆきなさい。エルサレムへ。男どもの地獄を救ってくれた慰安婦マリヤよ。立派に務めを果たしてくれました。もはや、このけがれた穢土におるべきではない。わめきたてることなく、静かに急ぎなさい。天国は、あなたのためにひらかれている」

ちょっと女の仕草あって、天へ昇ってゆく。

老毬屋は、風呂敷包より舞衣を出し着て、古びたる鈴を執り、太鼓の亀井氏出て毛越寺の延年の「老女」を静かに舞う。

謡〽肉体は夢幻、道は荒野にありとかや。

ポンと打ち止め、シャリンと鈴で止める。

静かに暗くなり、雪散らつくうちに

——

幕

上演記録

期間：一九九五年九月二〇日～二六日
劇場：シアターX

スタッフ
演　出　郡司正勝
宣伝・舞台美術　石黒紀夫
照　明　梶孝三
音　楽　高橋嘉市
音　素　梅原進
衣　装　佐藤笑子
舞台監督　小松充
演出助手　大倉直人
照明助手　中沢幸子
音響助手　村上卓二
舞監助手　男沢ゆかり

ヘアメイク　竹井優子
皮膜彫刻　吉江庄蔵

キャスト
キリスト　和栗由紀夫
毬　屋　中村京蔵
油太・権太　坂東みの虫
道　化　山本政保
道　化　小柳基
太　鼓　亀井広忠
附　打　保科幹
兵士・楽士　大橋可也、北野浩喜、十亀修之介、江ノ上陽一、小野廣己、林佳
群　衆　増見江利子、宮川典子、大髙健二、八尾建樹、大原とき緒、薦田麻里、丸山紅子、森下保

プロデューサー　上田美佐子
制　作　八木榮子、（有）エディター・プロダクツ

帚木抄《ははきぎしょう》

自平成九年一月—至十年二月

平成九年一月

一月八日。狸小路。額縁店に、坂本直行画展をみる。中学の山岳部の先輩。長年月の風土が簡美に冴ゆ。

一月九日。シアターキノ。『ルコントの大喝采』。三老俳優の地廻りかせぎ芝居。嫌みがないが、フランスにしてはドタバタすぎる。かつての名優たちに下手に芝居をさせるのが味噌。

一月十日。午前六時でも、山間の自宅の外は暗い。狐が一匹、径を横切ってゆく。

　雪径を横切る狐の尾の暗さ

一月二十一日。麹町一番町川喜多財団試写室。本宮青年会企画『秋桜《コスモス》』をみる。監督すずきじゅんいち。エイズでアメリカより転校して故郷福島の本宮へ帰って来た女子学生の死まで。村や校友の偏見と闘う、明るい母娘のテーマで、こうした現代の問題を扱う場合は、作品としてつっ放してみるか、暖かくみねばならぬという義務感が相克する。また作る側の偽見と、その闘いなくては成立しない。

一月二十五日。京都祇園歌舞練場。「井上三千子の会」。寒さと艶やかさの世界。久しぶりの京の正月である。観世安寿子の『萬歳』をみると、井上流の教え方の骨格がよくわかる。まず骨組を正しく教える。これは感動的ですらある。政枝の『正月』の首と肩の繊細な豊かさがよく、『あけぼの』の舞妓の連舞の冬の華。三千子の『蘆刈笠之段』は、前の花火のような冴えがなくなって貫禄が出た。かづ子の『子の日の助六』。やはり河東節風の手がついている。雨音での幕あきは疑問。皮肉な振がついている。男舞の名手だけのことがある。国宝の八千代の『梅の春』。軽やかな扇のさばきのあざやかさに驚嘆。最後は、三千子の『鷺娘』。雪の玉が「朧夜の」で二つに割れて鷺娘が出る。手拭で顔を包んでいる。ひょい〳〵と飛び、芦から身をのり出したりする。芦の陰で引き抜くなど珍しい型がつづく。瀕死白鳥でなく、リアルな思い入れの哀れがないのが古風でいい。この気分は失わせたくない。二本傘も使う。

一月二十六日。帰途。岡崎美術博物館。歌舞伎展終了日に駆けつける。

一月二十九日。六本木。フォックス社。現代版『ロミオとジュリエット』。迫力十分。アメリカのヴェローナ・ビーチという町を見立てて舞台とし、原作を残しながら距離をおいて遊んでいる感じの作品。現代ながら、仮装会を中世に見立てて、二人を天使として羽根をつけたジュリエットに、騎士のロミオを見立てていたりする。黒人の若人も加え、ランボーで名伎をみせた人気のレオナルドにロミオで活躍させ、十分楽しませる。

二月

二月一日。両国シアターX。稽古場。『歩く』の、みの虫氏の十七人の振付稽古をみる。

二月五日。札幌。京王プラザ。能藤玲子作品『流氷伝説』芸術祭賞受賞祝の会に出席。

二月十日。市川雅（章）死亡の知らせ、国吉女史より電話あり。残念。

二月十二日。かでる2・7。北村想演出の『銀河鉄道の夜』をみる。札幌在住の俳優は学芸会のセリフを出でず。演出を生かしきれなかった。ホールも演劇向きではない。音響は不快。

二月二十五日。北海道立近代美術館。小野竹喬展。ついに二流より出でざる画業のゆれ動きがわかる。紫紅の新しさに追いつけず、ふたたび東洋に戻る道程より、昭和初期の二曲一隻屏風の「風浪」の詩で貫くべきであった。淡墨淡彩の東洋が遠くなってゆく日が傑出していたのに。ほとんどが笠岡市竹喬美術館の所蔵。「奥の細道句抄絵」などは拙劣。

二月十六日。NHK日曜美術館。「大野一雄蕭白を舞う」。素直に舞踏に入ってゆく。「柳下鬼女」の美術学校の屏風の前での自然に踊り出すのが心に滲む。柿沼氏の要請で「枯れた狂気を舞ふ」の題字を書く。

午後、版画家大木靖邸を訪問。「冬の日」一枚購入。菱川医師同道。鶴見夫妻の紹介。

二月十九日。シアターキノ。ドイツ映画ユルグ・ブットゲライトの『死の王』をみる。

一週間、七つの自殺者の記録。ドイツ人の体質か描写にナチスと同質の体質を感じる。厭世を自己に打ちつけてゆく。それぞれのロマンと過酷さが白昼のなかで捕えられていて闇でない怖さがある。骸骨と幼児、死と生の現象を、死体が蠅、蛆虫で変相してゆく様を、生物実験として捕えている。日本の小町変相図の無常観とは対照的。なぜ『死の王』としたのだろうか。骸骨が王冠をかぶっている漫画が出るが。骸骨に対する思い入れは西洋に独特のものがある。

二月二十四日。ニューオータニ。国立劇場脚本審査会。

二月二十五日。両国シアターX。『歩く』の稽古。

二月二十七日。京橋、シネセゾン。韓国映画『祝祭』林權澤監督。日本映画の『葬式』の格。葬式における一族の思惑で終始。風俗的におもしろく、一族の記念写真で「キムチ」などと「チイズ」の代わりにいったりして、泣きから笑いに転ずるのが妙。

三月

三月一日。新宿京王プラザ。早大歌舞伎研究会OB五十周年記念に出席。

夜、麻布北条坂、北条家の屋敷という米荘閣。「花垣の会」に閑崎ひで女の『名護屋帯』、清女の『淀川』をみる。清女の舞に、まだすき切れがみえる。ひで女に、肉体の線が病んでいて痛々しい。堤清二・大岡信・三浦雅士・鈴木孝子などの諸氏に会う。

三月二日。新宿。パークタワーホール。和栗由紀夫舞踏公演。『エローラ・石の夢』。大理石の彫刻・レリーフから抜け出したような寂かな動き。はじめの掃除の二人の女性の踊はない方がよかろう。和栗の舞踏は大野一雄に近くなっている。牧神の午後のような振付の二人の踊がいい。バイオリン・ビオラ・ギターの生演奏がしっとりといい。舞踏の危険性の時代は遠去るか。

三月五日。歌舞伎座。染五郎と時蔵の『狐と笛吹き』。北條秀司作は、敗戦後のムードの覚めやらぬ時代を反映しているので、今日の虚栄時代では、子供だましになってしまう。幕切れの十二単衣を着た狐の剝製も不自然でおかしい。これは衣裳だけでいい。『寺子屋』松王の幸四郎の一人芝居。それぞれシラッとして熱演しているから相互の芝居が盛り上がらない。玉三郎の千代も本当の自分の子が死んだのだとはみえない。源蔵の梅玉も新劇風である。『源氏店《げんやだな》』梅玉の与三、玉三郎のお富、幸四郎の多左衛門。新内の情景の江戸の雰囲気に乏しい。とくに弥十郎の蝙蝠安は落第。与三の「そんなにいわねえでも」のセリフ尻に育ちのいい甘たれが出ていない。通常の会話になる。

夜の部。『平家蟹』は、息子の福助は芝翫より仁であるかも知れない。ただし、甲高いだけの絶叫的セリフは耳障り。笑いに凄みを工夫したらよくなろう。雀右衛門の『執着獅子』。上等な作品とはいえない。やはり姫で演ずるより遊女の方で工夫すべきであろう。扇獅子に『鏡獅子』のようにのり移るのもうなずかれぬ。それでは扇獅子のやつし、洒脱がなくなる。後ジテの石橋の場で赤毛を振るのも、本行式でなく、一工夫が必要。『籠釣瓶』の玉三郎の八橋が、結局いちばん光る。つくり上げた遊女といった人形となった人間像によく迫っている。悪態で表情を出してみせないのもいい。八橋は歌のあとは玉のものとなろう。歌の次元とはちがった八橋の世界の成立があった。

三月六日。国立大劇場。『髪結新三』お熊の高麗蔵。事件を起こす元になる美しい娘でないとしらじらしくなる。この際、研修生の瑞々しいところを抜擢すべきところであろう。八十助の新三の出がよくない。江戸の風が吹いてこない。ことに腰付に色気がない。最初は、悪党よりも悪いたずらの心持ちで、もっと髪結の職人芸をみせるところであろう。萬次郎の忠七は前代未聞に悪い。つっころばしではなくとも二枚目という役柄の型の心得を無にしてはかぶきは危ない。色男は、蔭のある色気でなくてはならなかろう。あんな明るい常に笑っているような忠七は、ミスキャストである。「永代橋」は、新三はだんだんと凄みが出た方がいいので、花道の出からあんな悪人顔だと忠七がとっくに気がついていなければならなくなる。色悪と色男の二人の役柄のちがいが、この場の芝居をおもしろくしているのである。どうもこの場も、やはりかぶきでなくなりかけている。かぶきの行く先が心配だ。「新三内」の出の湯上がり新三の姿がよくない。辰之助の勝奴も黙って座っている間がまだ役になっていない。あれでは手代か番頭さんである。八十助は仁だと思うのに、勘三郎がまだ目にあるせいか、芸を浮かせてみせるという遊び心を立たせることを知っていない。これもいまに新劇になってしまう心配がある。今回はまず三津五郎の家主と鶴蔵の女房の芝居である。お熊を帰してやるとき、新三が柱によりかかって「俺に会いたくなったら」というのは、負け惜しみでなく未練なのだから、急に惜しいものだという感情が湧き、金から色気に転じて幕が切れるのだから、そのつもりではっきり演じなければなるまい。権十郎の源七は他に仕手のない役ながら、セリフが聞きとり難くなってきたのは残念。所作事『土佐絵』がつく。もう時間からいって、こうした二本立ての方が今後よいだろうと思うが、舞台はものになっていない。

三月十一日。国立小劇場。「岩井紫若舞踊集成」。舞台稽古をみる。新振付の『酒』は、篝庵作詞、浄観作曲。素踊紫若の一人立。『無間鐘新道成寺』。一連の古典の復活である。よく演出が工夫されており、まとまったもので、鐘から出る伊達傾城姿の紫若が、古風な味があってよい。ここで吉原の座敷がセリ上がってくるのもよく、坊主二人がからむのもよい。鳥居清光の美術がこれまた清楚で程よい。

三月十三日。下北沢の松本亮氏の宅で、ビデオで、ソロのプラトン宮殿の『スリンピ』をみせてもらう。マタラム王家十二世当主の即位記念日で、花嫁衣裳の九人の未婚の乙女が舞う。文句は、アル王が南海の女王に連れてゆかれ、龍女との出会いを舞うもの。なかなか興味深く、日本古代の五節舞に匹敵しうるものであろう。その日の王の伽選びにもなるという。出退場に二十分もかかり、王座を前にして一時間五十分も緩慢優美な舞を繰り返す。手は肩より高くは上げない。裾を蹴ると包んであった花片が散る。日本では、この優美は喪失した。

三月十六日。NHK3。『沈鐘』再放送。

三月二十日。大丸藤井。現代表装「六花展」をみる。

三月二十六日。雪のニセコ・チセヌプリへ一泊の温泉旅行。

三月二十七日。帝国座ビルのポーラスター。マイク・リー監督の『秘密と嘘』をみる。真実と嘘のなかに秘密が生まれる人生を追求して迫力ある傑品となった。白黒の民族の混血の問題では、黒に華をもたせたところが苦しい監督の秘密か。

三月三十一日。上京。

四月

四月二日。東映試写室。『變臉』。「古井戸」の呉天明監督。變臉王と呼ばれた四川の大道芸人の生活を描く。主演の朱旭の前歯の欠けた老芸人が印象深い。變臉の技術を伝えるために人買から買った少年が少女であったこと、忠実な哀れな少女の狗娃の演技をする周任瑩は陝西省の雑技団の少女。かつての身を折る芸をみせる。川劇の特殊技術の變臉が、大道芸であったことを知らせる。一人で幾度も演ずる仮面芸は、ジャワの「トペン・チレボン」と共通点があり、日本の百面相に通うものがあって興味深い。優秀作品である。

四月三日。国立劇場。新派。泉鏡花二本立。『歌行燈』。旧新派にふさわしい作ながら、現代との距離を感じないわけにはいかない。思い切った型物とする必要があろう。漂泊の能楽師と弥次喜多と按摩と玉取り海人と趣向のおもしろさはやはり抜群だが、演出に切れが欲しい。「桑名のうどんや」と「湊屋」とをぐるぐるまわしにして、なかに「古市宗山の内」を挟んだ演出がよい。それにしては、瘦せぎすの日本人のスッキリした体の線をもった役者がいなくなったのは淋しい。うまい男優がいなくなった新派は淋しい。これは久里子の持分だが、やはり肥えすぎ。『天守物語』は八重子の持役。むかしみた章太郎の富姫の大きさはない。心意気が不足。新しい八重子の思い切った富姫がみたかった。図書之助の信二郎には水のしたたる雰囲気がない。舌長姥の芝鶴の印象も強かった。みな過去の舞台より一段も二段も落ちる。やはり工匠桃六の獅子頭の後の出現は唐突。階段を上がってくる方がよいのではないか。それにもう鏡花のセリフが聞こえぬのは悪い。もっと唱い高揚していい。

四月四日。歌舞伎座。芝翫の『道成寺』。どんな円熟した舞台がみられるのかと楽しみに、これをみようがためであったのに、これは悪い。完成というものがこんなに悪いものであったとは。踊がすっかり解説になっていて、ふてぶてしい。匂うような初々しさは、われを忘れたところにあったのだ、ということを教えた。動作は、いちいち念が入り、表情も、いちいちうるさい。掛け声もやたらに入る。分別がありすぎるのである。独特の淋しさがなくなったのは肥えたからか。坊主たちまで愛敬がない。『一本刀土俵入』雀右衛門の初役は、リアル性が強く、また別な味があってよいが、幕切れが一つ芝居がきかぬ。『越中おわら節』の哀愁が欲しい。後場のお蔦の方がいい。吉右衛門の駒形は、立派すぎる肉体が邪魔。

夜の部。『吃又』もやはり吉右衛門のバランスのよい肉体が、哀れをさそわない。又平の着物の小紋が気になる。いったいにかぶきから素朴な騒がしい情熱が消えたのは淋しい。雀右衛門初役の『隅田川』。歌右衛門とちがってまた新曲にみえるのが目覚ましい。匂うような若い貴婦人の母親に疲れがみえるのがいい。さすがである。幕切れの塚にかけた打掛の袖をとって見得風できまるより、塚に打ち伏せるか、頬ずりして幕の方がよかろう。梅玉の舟人はミスキャスト、やはり姿がよすぎる。思い切って扮装をリアルにしてみたらどうであろう。『お土砂』は割愛。

九時四十分から、セゾン劇場。『セルロイド・クローゼット』。ハリウッドのロブ・エプスタインとジェフリ・フリードマン共同監督の同性愛映画の論文。アメリカにおけるゲイのシーンを名画の中から抽出して、その歴史と社会の変動を述べるというもの。名優の解説も入れ、なかなかの大作。日本ならまた別のものが生まれよう。

四月七日。シアターXにて、ポーランドの女性歌手エヴァ・デマルチクの歌を聴く。とにかく咽から声が出るのでなく、腹わたから出る声というか叫びというか人間の音が吐き出される。歌でなく語りでなく、本当の肉声とはこういうものかと思う。魂の肉の声が咽を開かせるのである。忘れえぬ音声の持ち主である。

四月十六日。東京新聞。舞踊芸術賞選考委員会出席。

四月十九日。麹町の日月館。鈴木たか子氏邸にて、洛中洛外図屏風、二種類観賞。岩波の論文に入れるために写真を拝借。

四月二十一日。サントリー美術館。古代メキシコ・土の象形展開場式に出席。土から生まれたぬくみと優しさのある土偶は魅力的。目のつけ方の作法に特色がある。小生のところにもかつて故武智鉄二より贈られた太鼓を叩く男の小偶と、メヒコで手に入れた二、三の面像の端片があるのを思い出した。

四月二十四日。早大演劇博物館にて、逍遥協会の会議。

四月二十八日。札幌帰着。丸山公園の山桜三分咲き。残雪連山の頂きを覆う。やっと蕗のとうが顔を出す。朝夕はまだストーブが要る。坂道にてやつれた北狐に出逢う。人おじをしない。食い物が山になくなって下りて来たのであろう。富山より送られたチューリップを植える。

四月三十日。白水社へ「和数考」の校正を送る。

五月

五月十日。札幌西野文化会館。「民衆の大栄展」世界のメタル展。メタル展というものをはじめてみる。西欧の貨幣は、メタルの転用だということを知った。それにしては日本では西洋の王家の功績のあった人たちの肖像を入れなかったのは、菊の御紋章に止めたのはきわめて日本的であったといえよう。中国では孫文のごときが入っている。銅像などと共通する記念像なのであるが、日本や中国では碑は文字のみの伝統があったのだが、明治以後、西洋文明の影響で銅像が乱立するようになった。上野の西郷さんなら許されるような気がするが、宮城前の楠正成の銅像は頂けない。アイルランドの貨幣が豚や鶏や兎であったのはホッとしたものであった。ダンテのメダイユなど堂々たる価値がある。世も下るに従って安っぽくなる。わたしの趣味ではないが、教えられるところのあった展示であった。

五月十一日。濃霧のなかを喜茂別まで、花の苗を分けて貰いにゆく。原野の食堂の手製のアイスクリームが、飛び切り美味だった。車で二時間かけてもゆく甲斐がある。牛乳もまた札幌よりもうまい。

五月十四日。狸小路の金市館の古本市で、木村荘八の「東京の風俗」をみつける。昭和二十四年版の仙花紙。むかしの東京をいつくしんでいる。酉の市は、まだその頃は「とりのまち」という呼び名が残っていた。吉原の刎橋の受け台の考証など。懐かしい明治・大正。

五月十六日。厚田望来《モーライ》の戸田記念墓地公園花見。山一山。吉野の染井桜を植して、満開。その下に均等の全国の墓石が整然と立ちならぶ。死んでからも、皆一様に均等の石碑になるのはいやだ。勝手にして貰おう。あっち向いているのもあっていい。千鳥桜という潅木の桜が印象に残る。花片を袋に一杯つめて東京へもって帰ろう。原野の茶席は風情があり、冷たい頭上の花の水が顔にかかったのは鮮烈な感覚を呼び起こした。ただし茶の湯の茶は劣等この上なし。

五月二十一日。上京。翌日より『歩く』舞台稽古。

五月二十五日。夜、七時、渋谷ジァンジァン、花柳寿々紫の『AMERICIUM/E.M.』ジャズ小曲六種の独舞。地下蔵の暗に、白の帽子、服、衣布、着物一枚を取り換えて踊る。作曲とあいまって心よい舞台。白の野球帽を眉深く、ワイシャツの袖をおもしろく使う少年の一番はじめの曲と、グレート・マザーと題する白帽と白洋服の腹の大きい妊婦が、爽やかで、もっとも好ましい。日本舞踊家の湿っぽさのないのが珍重。長い海外との交流の空気の流れの結果であろう。大きな布を身体に巻きつけたり、白浴衣を着たりするのは、自由性を失う。また小手先が動くと日本舞踊の湿っぽさが戻ってくる。とにかく日本舞踊家にみられぬ本ものの軽さと空気が他に類がない。その落ちついた永年のキャリアがいまものをいっている。

五月二十六日。新国立劇場竣工式に出席。そのオペラ劇場で、『フィガロの結婚』『タンホイザー』『椿姫』のほんの一部が演奏されたが、音響効果はいいとは想われなかった。中劇場はいいとして、小劇場は、前衛小演劇は官制に規制されるムードがないとはいえぬ。

五月二十八日。日暮里サニーホール。キ・マンタプの演ずるジャワ影絵芝居（クリ）をみる。新しい音響、新しい照明も用いるが効果もあり、伝統の世界を崩していないのがいい。しかし現地の油灯に映じ出される神秘性は希薄になる。技は戦闘などの行動美にすぐれた業をみせるが、抒情性に乏しいといえる。女性歌手が二人ということもある。クヌンガンが、開幕宣言、段または場、あるいは、風、扉などの大道具の役をこなすのが見事に演出されていた。テーマは、『マハーバーラタ』の「デウォ・ルテ」の条で、ビモが森の怪物や大海の蛇王と闘う。ビモ神が胎内に入ったり出たりして問答するのが、東洋哲学的表現か。ここが印象深い。

五月二十九日。シアターＸ。午後七時開演。川和孝演出の名作劇場。中村吉蔵の『檻の中』。三十分ほどの短篇ながら、当時の社会劇の代表作となっている。夜の公園と檻の二場。檻の内と外と、どっちが狂っているか。風俗を変えれば現代も通用するテーマ。横光利一の『男と女と男』も小味があり、里見弴の『嫉妬』もだれにでもある異状心理の小篇で、特色があるが役者はこれがもっとも下手。車屋の技が勝れていないと実感が出ない。つまり生活感がないからである。

五月三十日。夕。上野広小路亭。中入りより喜楽父娘の曲芸。卵四個のコップ落としがあざやか。トリが神田松鯉の講談『西郷隆盛』。江戸城明渡しの一席。なかなかのもの。講談はやはり男のもので、客は晩年の女性がちらほらのほかは、みな初老の男性。風月堂の角の二階の広小路亭ははじめて。本牧亭がなくなってできたのか。

六月

六月五日。一ッ橋。如水会館。東京新聞舞踊芸術賞授与式出席。邦舞で林一枝、洋舞折田克子。

六月十六日より一八日まで三日間。両国シアターX。拙作演出の『歩く』本番。

六月一九日。ポーランド出発。パリで一泊。

六月二十一日。クラクフ着。古都。中央広場横通りの小ホテル。中央広場で「ヴァヴェル城王侯行列」あり。青銅色の一行の行列が、協会の鐘の音とともに都市の城門から広場に行列して来た。それ自体は異様の行列でおもしろいのだが、動きがない。

六月二十二日（日）。午前中、タクシーで二時間余郊外のアウシュヴィッツへ駈ける。北海道の十勝平野に似た風景のうち、野原のなかに鉄路が走っていて、オシフィエンチムという村で、いまは博物館になっている、四重の鉄条網をまわした煉瓦造りの兵舎に着く。アウシュヴィッツは、ドイツのナチスの改名という。二十八箇所の建物は、全ヨーロッパ中から集められた政治犯、ユダヤ人が、国別で収容され、虐殺されたところ。すでに映像や書物などで知られたところだが、一歩建物に入ると、鬼気迫って、つい一週間前に出逢った光景のように圧気を感じ、みておかねばならぬところだが、二度とは来る気になれない。ガス室など、まだガス臭い気が漂っている。子供の赤い靴などみると思わず声を出してしまう。逃れるようにして、人間の凶悪性をみてしまった場所から帰途につく。

その夜は、さすがに寝苦しかった。

午後八時、まだ陽が落ちない。アンジェ・ワイダの建てた、磯崎新の設計の日本美術技術センター、「マンガ」という美術館の「歌川広重生誕二〇〇年記念展」のオープニングに出席。日本ではみたことのないような生ぶな刷り立ての錦絵が印象的だ。珍品も多いのに驚く。

バルコニーから、ヴィスワ河がみえ、年中行事となっている「花輪」（ヴィアンキ）を流す祭で、ヴィヴェル城付近の人出は最高に達している。頭に花輪に頂いた乙女たちが、再び帰って来ないように幸せを求めて、その花冠を流すのだという。雨がときどき来て、花火と雷鳴を一度に聞く。

ここの地下劇場で、われわれの公演が行われる仕込みに立ちあい、十時すぎに俳優のペシェク氏夫妻の車に送られて、ホテルに帰る。

六月二十四日。日本芸術・美術センタークラクフ公演。同所は「Manggha」ともいう。

館長カテリーナ・ブリコヴィッチ、ならびにアンジェ・ワイダ氏に会う。

日中、聖マリア大聖堂に祈る。中世の面影をよく残し、黒いマリアという、黒い瘡のあるマリアの聖画の祭壇あり。敬虔なる齢若者の信者が跪いているのをみると、不思議な感慨がある。

本番は陽が没した八時に始まる。九時半に終わってもまだ外は明るい。新聞も外で読める。見物席一八〇、ほとんど招待客で、芸術家、その卵の学生などが多い。上手花道をつぶして補助席をつくり、二八〇席が埋まる。

短い解説があって、木板を打ち、暗転。時計の音で明るくなり、踏切のチンチンという音、上下から出て、現代からタイムスリップで、『元禄花見踊り』になる。見物席は次第に盛り上がり、お七の人形振に拍手、『無情の夢』の人形からくりに笑い声。白石島でシーンとさせ、『麦屋節』から笠をいっせいに飛ばせて、戦争、敗残の兵、葬式の白衣群の、泣き笑いで終わる。

女優に引っぱり出されて、生まれてはじめて舞台に立ち、花を貰う。翌々日の新聞評の訳を記す。前半の紹介文は省く。

『歩く』は、歩きという行為によって、いかに青春から戦争の残虐さ、おろかさ、そして老から死に至る、われわれヨーロッパ人を感動させる長い伝統の土壌の上に出てきたオートメーション化の進む現代日本の姿をみせられた。振や表現はちがうが、感情はわれわれみんなに共通のものである。日本の演者の表現力は、われわれに大きな感動を呼んだ。だから、この作品の演者たち、そして作者に大きな拍手が送られたのである。その拍手を送ったなかには、着物を着たペシェク氏一家の姿もあった。

（ECHO・KRAKOWA）

ペシェク一家、アンジェ・ワイダ夫妻は終演後、日本のポーランドもおなじ悲しみを共感したと評してくれ、衣裳も最少のもので最大の効果を挙げたと、ワイダ夫人が讃めてくれた。なかに、数年来のうちでもっとも感動したといってくれた人もあった。もって瞑すべしというところ。

六月二十五日。芸術大学で。日本文学科の学生にかぶきの話をする。みな積極的で優雅。

六月二十六日。美術館の収蔵庫で、役者絵をみせて貰う。春章、春好、春常、春英の勝川派一門と、初代豊国で終える。勝川派には日本でみたことのないものもかなりあった。

六月二十六日。三時。演劇大学。ペシェク氏の『王女イヴォナ』の稽古を覗く。氏の台本の解説が、すっかり一人芝居になっていて、舞台をみているようなのに驚嘆した。

午後七時。テアトル・ストゥにて、ペシェク氏出演の『カルテット』。三人の初老と、一人の青年で、音楽の四人四様のカルテットの演奏の様を構成したもので、各人の動きとセリフが通じたり通じなかったり各様の、ささやき、協和、反目を動きと別々の意味の様を演じて、一つの世界を成す。大いに笑わせ、ほとんどボードビルか漫才のようなおもしろさながら、人生劇になっているのが印象的であった。

六月二十七日。民族博物館を見学する。地方のイースター（復活祭）の風俗が興味深い。冬至から春を迎える民族と重なって、さながら、日本でも出逢う風俗の感がする。生はげのような藁人形。妊婦や、水かけ祭。春駒もあり、冬の男女の人形が村を巡り、流し、緑の木（卵が吊ってある）をもち帰る。あるいは薄の穂を、イースター前に教会へもっていっておき、家にもち帰って、門に打ちつけたり、畑にさすなど。また子供が家々を巡ってものを乞うて来るなど、正月行事は我々にも身近い。

ヴァベル城を見学する。龍の穴あり。古風な王城で、城中に教会をもつ。夕食はペシェク氏宅へ招かれる。

六月二十八日。汽車でワルシャワへ移動。さながら十勝平野をゆくがごとし。

六月二十九日。ワルシャワ。十五年前に来たときの暗さはない。あのときの暗さは重事であったように思う。オールド・タウンは、新装されて、つくりもののようであった。故王宮を見学。盛り場はジプシーが溢れていて、銭を乞う姿は、かつてはみられなかった光景であった。掏児《すり》や岡引きも横行している。

六月三十日。午後七時半やっと斜陽。公園の中の古城ウィヤドフスキ城の芸術センターの中庭で夜の空が抜け、古井戸が真中にある野外で『歩く』の本番を迎える。石畳と回廊のある場所を使って、どう演出していいかシェイクスピア時代の気分に浸った。あとで館長が、演出上でも新しい空間の第一頁が始まったといってくれた。

日本から注文しておいた篝火に、もっていった奉書紙を巻いて、日本風の感じを出し、火をつけた日本の篝火はご注進二人にもち出させ、低い二本は、花魁道中のとき出させた。回廊の裏側を使い、斜めに出入りをつける。予想以上に見物が詰めかけたので、階段式に組み上げた席が足りず、席前の石畳の上にもまわりにも座ったために、前方はみえ難くなる。見物が詰めかけたため開演が遅れ、終演になったのは、十時半をすぎてしまった。

七月

七月一日。ワルシャワの民族博物館を訪れる。キリスト教以前の農民の生活が、なんと日本の農民たちの年中行事や風俗によく似ていることよ。それがキリスト教の行事と習合されていく過程も指摘できるのは、よく今日でも尋ねれば、その痕跡は残っているのである。冬から春を迎える行事と復活祭、生はげのような春に訪れる藁扮装の村人、春駒、鬼やらいに類した魔除けなど、時代の解釈を除き、記号としての形を比較すれば説ける共通の心意伝承がそこにあるはずだと思う。

その日の午後にワルシャワを発ち、フランクフルトを経て、成田へ帰国。

七月二日。帰国。「ガゼタ・ビポルチャ」紙に掲載された邦釈を記す。

世界に類をみない日本の演劇、伝統が二十世紀のアヴァンギャルドによって精錬される。

日本の「歩き方」

現代舞踊、舞踏とならんで、能とおなじく、中世に起源をもった伝統的な演劇が存在する。ウィヤドフスキ城で月曜日に上演された東京からのシアターXによる『歩く』では、習慣的な過去に閉じこもることと、現代的形式を模索することとの間の緊張によってもたらされた、豊かな成果が披露された。

これは様々な種類の歩みから構成されている。偶然の歩みから、数ミリ単位まで正確な歩み、あるいは能の役者の動きを思わせる歩みまで。この上演は、新しい踊りの体系と伝統的な動きとの間に生じる、厳しい衝突によって構成されていた。『歩く』は様々な世代の芸術家達の作品である。監督は郡司正勝教授。彼は八十五歳で、日本の古典演劇の大家である。俳優達の大部分は非常に若い。最初、列をなして歩く俳優達は、すぐに能の舞台のような動きを始めるのではないかという印象を与える。しかし、黒いメリヤスシャツに留められた幅広の袖だけが、わずかに伝統とのつながりを残すのみであることがわかる。また別の場面では、あたかも文楽という人形による上演の一部をみているような気持ちにさせられる。舞台は三人の覆面をした操り師が登場し、背景には三味線が響きわたる。ただ操り師は、人形ではなく、生きた娘を動かすのである。さらに「人形」は明らかに操られるのを嫌がっており、絶えず操り師から逃れようとしている。

『歩く』は、日本の演劇の歴史を示すのと同時に、現代のポスト工業化社会が、これまで長年にわたってつくられてきた規則と模範とによって生きのびようと努めている、日本そのものの歴史を示している。ここでは「日本的な生き方」の様子がおもしろいだけでなく、芸術家達の、自分自身の文化に対する批判的な捉え方もまた興味深い。郡司正勝氏は、彼の年齢からみても、また経歴からしても、アカデミズムに留まっても不思議ではないのにも関わらず、あえて果敢として伝統をあざ笑うのである。

（加須屋明子訳）

七月六日。NHK、『沈鐘』再放送。

尾上菊雅の祝賀会。

七月七日。札幌行。夏を三ヶ月過ごすため。娘たち同道。

七月十五日。富良野行。ラベンダー、紫雲のごとく地上を覆う。

七月十九日。三岸好太郎美術館。「道化たちの詩」展。山口昌男、田倉穂の対談。「道化について」を聴く。同道に夕食をともにする。道化っていったいなんなのだろう。

七月二十五日。稲積公園前病院にて、肝臓の精密検査。かなり大きな悪性細胞を目の前にみる。

七月二十九日。大丸藤井スカイホール。素心会と斎藤嵐翠の書展をみる。前者は騒がしく、後者は美しく静か。

午後、札幌大学の石塚純一講師来訪。

八月

八月十四日。三越名画劇場。ホテル・アルファ・サッポロの地下。観客席、六、七十、椅子後ろに倒れ、ゆったりしてよい。ホテル内の小劇場の感じ。貞永方久監督の『良寛』。退屈。劇的作意がみえて不出来。幸四郎の良寛も肉体的で不可。目が鋭い。後半は、剃髪でゆくべきであろう。貞心尼も鈴木京香は美しいが精神性に欠ける。もっとちがった自然体での掘り下げが必要。シーンも上つらだけ美しいだけでは不可。「心の自由」などというセリフも、深い宗教心がなくては浅薄。芸術的高揚がなく、画面が活動していない。

八月十七日。午後九時三十分から十二時までNHK衛星第一で四日間に亘って「SHOAH」が放送された。アウシュビッツ事件の生き残りの人たちの証言は胸をついた。

クラクフから六〇キロ、車で訪れたのは六月であったが、その光景は氷ついて、生臭い人間の残虐性は絶望的といっていい。証人の表情の迫真性は、TVの効能を最大限に伝えたが、レンズの冷酷さにも考えさせられる。それにしてもTVドラマ俳優の演技の劣性は覆うべくもない。人間はこれほど惨酷になれるものか。歴史からユダヤ人を消してしまおうという事件として、人類が記憶しておく必要がある。

八月三十日。月寒の札幌大学へゆく。所蔵の図書寄贈「郡司文庫」の件。高橋教授に会う。図書館案内。

九月

九月一日。松竹より、十月興業歌舞伎座昼の部『盟三五大切』通し上演の申し入れの件。

北海道新聞社事業部の来年度「日本舞踊公演」の件。

九月二日。シャンツィ通りにて「宮の森クラフト展」。同好の士のそれぞれがもちよった、土地の文化圏の作品。木工、写真、船舶の模型など、どうして〳〵それぞれの芸術品で、見事。売ろうという商売気なしにつくった、純粋な手造りの楽しみが、心を豊かにしてくれる。地方の文化の在り方を考えさせられる。

九月七日。北京の西城区の広安門医院にゆく。昨夜は西城区の梅地亜《メデア》センターに泊。いまは三時間十五分にて北京まで飛ぶので、外国へ出たという感じがしない。しかし、北京の空と太陽の色は日本ではなかった。

夜。首都劇場で、話劇『女人漂亮』をみる。低調。一時代前の新喜劇をみているようで、途中で出場したかったが、案内してくれた孫維善先生に悪いので我慢した。先生には久保栄の『火山灰地』の訳出がある。

舞台はいっぱい道具で、室内。暗転で時間の経過を示し、二人の女性の幼女時代を映画でみせる。携帯電話などをもちだした現代の事業家女性の描出だが、生活感が零。言葉がわからないから大きなことはいえないが、この新劇の低調さは、世界的現象のようだ。しかし、主人公の女優が人気俳優ということで、カップルの若者の見物客でいっぱいで、特殊な男の老人客が二、三人なのも驚きであった。上演二時間。この劇場はかつて幾度か観劇したことがある。

街の若者の服装は、かつての一色を脱して色とりどりだが、まだけばけばしさはない。かなり岡引きなども横行しているという話である。ホテル、放送局などやがて乱立の傾向がみられる。かつての統制の気分は街にはなくなったが、自由化の悪弊の流れが始まっているようにみられる。清冽な緊張感が街になくなっていた。穏やかだが澱んでゆく兆候を感じさせる。

九月八日。北京中国中医研究所広安門医院で、肝臓の問診を受く。

前門西大街の老舎茶館。中国寄席芸をみる。民楽団、歌謡、曲芸『麻姑献寿』京劇風旦に扮して仙桃を盆にのせ、いろいろ曲芸の技体をつくすもの。つぎに京劇の立ち回り『八大錘』の武打を二人でみせる。快板を使った説唱。含灯大鼓。コップを足の上で組み上げる雑技。足芸の「蹬技」、魔術、万才講談のような「双簧」の二人芸など、一流の芸人が楽しませる。ここは今回で二度目。

九月十五日。札幌時計台ギャラリー。「浅野武彦木版画展」。永年の彫力がきびしい正道の正確な美を摑んだ。雪の風景がもっともふさわしい清冽さを謡わせる。

九月二十一日。常盤、芸術の森美術館。板野守コレクション展。「ある個人収集家の眼」として約千点に余る数の中から会場向きのものが選ばれたもの。どこまでも収集家の個人の歴史と想いがこもっていて、美術館や企業などの金持の収集と異なった世界が温かく時代の空気を包んでいて懐かしい。本来の展示会の姿といっていい。

九月二十二日夜。大通公園。野外で「さっぱら」の馬頭琴、モダンダンス、舞踊、佐藤美香子の「インド舞踊」をみる。楡の大木の下は環境がいいが、やや寒い。

九月二十八日。東京。歌舞伎座で『盟三五大切』の稽古始まる。

十月

十月一日。国立小劇場。「神崎ひで十三回忌追善舞の会」。神崎美乃主催。懐かしいひで師のために一文を書いたので、出席するが、歌舞伎座の舞台稽古と重なり、中途で退場する。

十月二日。歌舞伎座。昼の部。四演目の演出の『盟三五大切』。幸四郎の源五兵衛、雀右衛門の小万、勘九郎の三五郎。大道具と照明がさすがに、国立劇場より、かぶきに適しており収まりがいい。勘九郎が華やかで芝居をおもしろくもたせている。雀はベテラン。幸四郎が一本調子で、序幕、大和町の和事風の濡れ事師の調子が仁にないために、殺意の変わり目が出ない。十蔵の伴右衛門が端役の役柄がよく出、親に似てきた。こうした役が貴重で、出来がよい。全体だいぶ刈り詰めたから、退屈さはまぬがれたが、ふくらみに欠けたところもある。千秋楽までにどこまでおもしろくなるか。

十月三日。知多半田。山車祭サミット。パネルディスカッションに呼ばれるが、福祉文化会館なるものの大ホールは、残響の反響が甚だしく、相手や司会者のいっていることが聴こえない。こんな大ホールが全国的に広がってお祭騒ぎに使われては、文化もなにもありはしない。

十月四日。山車の勢揃いをみようと、一泊するが、雨で、ビニールをかぶった山車では、カラクリも山車かぶきもみられない。早々に帰京する。

十月六日。サントリー美術館。「熱田神宮名宝展」。いわゆる神宝ではあるが、中心の刀剣はあまり興味がなく、鎌倉、室町の衣裳、調度類の繊細な清楚な日本の美は、今日亡失していのに驚く。舞楽面なども、その軽さの美があったことを知る。刀剣にしても武具にしても実戦には軽さが必要であったのである。

十月七日、シアターXの上田美佐子と自宅で対談。

夜。江ノ上陽一公演の舞台稽古をみる。

十月八日。八時。両国シアターX。江ノ上陽一のSouki・MiMe・DANCE。小生の「和歌考」に発想材としたもの。マイムだけでは舞踊といえぬが、このたびは流れがついたので、舞踏として緊張した。一時間はやや長い。もう五分詰めるべきだ。全員、黒のタイツ。映像を用いた照明も照明としてこなれをみせる。白銀色の金属を使った、吊り下げた器具も動いていていい。

十月十三日。銀座プレイガイド。試写室。アメリカ映画。『この森で、天使はバスを降りた』。優秀。養父に犯されたための殺人で、刑務所出の若い女が、出所し、メイン州の片田舎町へ降りて、愛の行動も空しく死を迎える。導入部の刑務所内の電話の交換所の描写がすぐれている。情緒の甘さにおぼれず、生活のリアリティが着実なレンズで捕えられ、愛を売りつけない態度がいい。アリソン・エリオットの演技が、ときどき優しさのなかに下層生まれの粗雑な卑俗味をみせて、うまい。事件の結末は、ちょっと大げさでつくりすぎ。牧師のいなくなった教会が安息所になる不幸な少女の静かで暗い場面は、かえって宗教性を感じられて設定がうまい。美しい高原の風景を惜しむように長くみせないのも心憎い。

十月十六日。国立小劇場。邦楽鑑賞「琵琶の会」。さすがに片田舎ながら日向の永田法順の地神琵琶『琵琶の釈《しゃく》』が、本物である。伝えられただけでも、庶民の生活の歴史が浮かび上がり、いまどき、まことに有難いものの一つである。かすれただみ声に凄みさえあり、祭文声が土壌に深くくいこんでいる。数少ない盲僧の素朴な過去の庶民性も懐かしい。語るところの地神経の時代離れした荒唐さも貴重といわねばならない。

これに比して女性を入れた三人の平曲は、思わせぶりで、改良意識が強く、平曲という位にたよって、退屈この上なく、がっかり気落ちした。名古屋の『那須与一』など、前席におられた金田一春彦博士が、声が大きいというだけで「お見事」と、お一人声をかけたのが、肋膜にさわって痛くなり、やっと席を立って出てしまった。これまで学生のとき幾回となく聞いた『那須与一』の平曲のなかでは、なんの風情もないのものであった。

このところ、神経が痛み、一時間と座っていられず、ほとんどの会は欠席ということになった。

十月二十日。札幌大学へ寄贈図書二〇〇箇第一陣積み出し。

十月二十四日。午後七時。両国シアターX。ポーランドの俳優でもあり、演出家であるヤン・ペシェクの演出で、ゴンブロヴィッチ作『王女イヴォナ』初演。

まず、演出がおもしろい。意外性が目に新しい。それに作品の現代へもちこんだ王朝時代の輻湊性に目を見張る。ただし俳優が熟さないために、演出、セリフが離ればなれで、動きがギコチない。シャレたブラックユーモアが浮き上がってこない。日本人の体質から百姓芝居にして「にわか」仕立でいったらと、ふっとかすめる。

セリフが立たず、目にみえない台本をよむだけ。笑いもかなしみも出てこない。王妃の北村魚の大根ぶりが自然の大きさがあっていい。大高健二の王が予想を裏切った出来。矮小の王の位が出ない。乞食の王ならよかろう。王女イヴォナの北川さをりが、もっと生地をむき出しだと光ったろうに、芝居をしようとしているだけ下手。主人公のないのもいい。

十月二十六日。内村修一さん（美術商）が墨亭月麿の「清人図」を届けてくれる。月麿は喜多川歌麿の高弟。美人画ならわかるが、若い二人の清国人の肉筆立像は珍しい。しかも「写」とあるので、写生かも知れぬ。賛が福州の人呉得斎とある。また、年代は「大清嘉慶十二丁卯年仲夏」とあるので、日本の文化四年に当ることがわかる。賛に曰う「雲想衣裳花想容／両人得意酔醺濃／若非妙手真名筆／曾得並肩一路逢」日本へ渡来した二人の若い清人の友人を唱うか。主人と下僕ではあるまい。赤いシャグマの帽子を冠るのは官人で、一人は町人であろうか。他に、まったく同一構造の老境にさしかかった両人を描く。これは他人の手に渡った。いつか再会の日があろう。ここにも二人の一篇の小説になりえる環境がある。

かなり沢山の黄表紙、合巻の挿絵を描いていた。月麿は、享和二年から喜多川菊麿の名で、黄表紙絵「雔《かたき》敲《うち》夜居鷹」「艶次郎二代目通人寝言」を描き、翌三年には、喜久麿の名で「賎富一代之早替」を、翌文化元年も喜久磨で「鳳凰梁五三桐山」を描き、翌二年から月磨の名で五作品を、文化四年からは、合巻を、喜多川月麿で描いてゆく。いちいち内容を確かめたわけではないが、小説も書ける人物と見受けられる。

十月二十九日。早稲田第一学院で同級だった西村朝日太郎死す。

十月三十一日。札幌手稲渓仁会病院に入院。

十一月

十一月十七日。退院。原発性肝癌。

十一月十八日。両国シアターX。『帰って来た歩く』の稽古始まる。

十一月十九日。国立小劇場。「吉村雄輝夫の会」。『伊左衛門』をみたかったが、稽古のための時間切れ。雄輝夫作舞の『融』。素ながらさすがに出、能の公卿の風情が謡うたのは恐れ入る。

十一月二十一日。国立小劇場。「舞の会」。井上まめ晃の『八島』。一本扇の型。かたりものとしてのスケールがあり、気分も充実しているが、全体に生け殺しに乏しい。出の西行法師の条りが加わると、幽邃さが欲しい。また終曲は、「〽春の夜の波より明けて」から艶なる幽玄性があってよく、「〽群れいる鷗」などただ鷗をみる振だけでなく、夜が明けて、闇が散じ、目が覚めて、空気が変わってゆく趣がなくてはなるまい。身体の大きさだけが目につく。芸容の大きさに転ずるを待つ。吉村輝章の『虫の音』。ワビのおもしろさには、まだ若い。虫の合方の舞などは無心さが必要。下座に寺鐘など入るのは、生々しくていけない。楳茂都梅咲の上方唄『木津川』と『館山』。井上流とちがった大阪の細やかな艶がいい。梅咲に肩と首筋に色気が謡っているのがいい。ただし、舞につられたか、多少堅くなった。もっと自由でいい。もとは当時の町の流行歌なのだから。

例の胸が苦しくなり、ここで退場する。

十一月二十五日。両国シアターX。『帰って来た歩く』の本番。多少の補綴をして、みやすくおもしろくなったが、空気の緊張度はうすれたかも知れぬ。この日は二回公演。二時からは高円宮のために招待会とする。小道具を忘れるミスが起きる。発端にポーランド風の『三番叟』と、終幕の前にチンドン屋を加え、振りも二ヶ所変更。今回は、次の日とともに三回の公演となる。

高円宮は、お帰りに、つかつかと私の前に立って「久しぶりでした。おもしろかった。特に後半の人形振りからあとがよかった。去年は白石島の踊りをみてきた」といわれ、もう一度帰り際に「おもしろかった」だれに聞いたか「身体をお大事に」とおっしゃって扉を出られた。

十一月二十八日。NHK放送で、マタギの話で、自分が仕留めた熊の皮をもって立ち上がりをみせたとき、初老のマタギの額からどっと汗がみるみるうちに吹き出すのが映し出された。朴訥な山の民の顔に、そのときの必死の状態が蘇ったのである。この映像はみていて感動した。もう一つ、身体障害の二人の子をもつ父親が、兄が立ったとき、つづいて同時に弟も立つのをみて、その様を語ったのも、兄弟の血を感じて感激した。

十一月二十九日。いまでも、学徒出陣の夢をみたので驚いた。はだれ雪のなかを、一団一団と学徒が出陣し、最後の一団に自分がいたが、野良犬が歩き回っているうちに、夢が覚めた。冷たい楡の大樹の空気が残った。

十一月三十日。国立小劇場。「市山七十世の会」。母の七十郎が、市山家相伝の『妹背山』の『三作萬歳』を義太夫で踊った。舞台でははじめてという。素踊ながら、薄水色の着付で、意気にならないのがよかった。盲目の帝の前へ、進み出る三作が、漁師の小倅らしく、恐縮しすぎず、うやまっての下手よりの出の風情が、子供らしくさすがである。長唄の『雷お鶴』は七十世の女侠お鶴。松一本の海浜の背景。もと常磐津で、長唄に移したものだが、やはり浄るり所作事がかったものだから、常磐津がよかったろうに。振付復活は七十郎。再演。いかにも化政期の味で、よく古典味を保った。助演の太郎作の花柳春濤も角力の猿若清三郎も仁でいい。櫂と傘の立ち回りがおもしろい。七十世のお鶴は、美人よりはやはり女形のもので、あまり女性的でない方がよろしく、セリフもあまり甲高くなく、意味がもう一つ粒立ってこない。落としはうまい。

楽屋頭取の登亀登氏の九月中の死去を「演劇界」で知った。小生の演出のときなども頭取を勤めてくれた人で、話好きで、芸談や批判をよく話してくれた懐かしい人だった。

十二月

十二月六日。NHK「芸能花舞台」。『小鍛冶』。先頃の歌舞伎座公演のをみていなかったのである。あまりに長唄のは能よりで、猿翁の義太夫の童形の稲荷大明神の方がおもしろい。主人公は宗近よりは稲荷の化身の方だが、勘太郎は、まだいかにも若い。神霊としての丈も足りず、狐としての異形神としての鋭さに欠け、キレが悪い。若いから仕方ないか。宗近の親の勘九郎の風格ややわらかみは、さすがで、動きすぎないのもいい。

十二月十四日。九時半より十二時まで。NHK芸術劇場『盟三五大切』放映。大写しのよいところもあるが、あらや年齢がみえる欠点もある。また演出のミス、役者のミスも拡大されて参考になる。スピードがついてよいところもあり、困るところもある。やはり幸四郎がはじめから色悪になりすぎる。勘九郎は、もっと深川の切れ味と色気が欲しい。京屋は、なんといってもやはり齢をとりすぎた。

十二月二十一日。NHK芸術劇場。イスラエル舞踊団公演。選び抜かれた舞踊手群だけに、個人技が目を驚かす。男女ともに三角帽を冠る。しかし、色合いは他の現代舞踊団とあまりちがわず、特色を期待したが、風土色、国民色はあまり期待できない。

十二月二十三日。札幌遊楽館。九七年アメリカ映画『セブン・イヤーズ・イン・チベット』。オーストリアの登山家が、ナチス色の濃いドイツを脱して、ヒマラヤ登山を志す。雪崩に遭って英軍に捕虜になるまで、またそこを脱走するまでのヒマラヤ越えの迫力は十分。それに対照的に、外人を拒否するチベットの独自な宗教世界が描き出される。自我の西洋と、滅我の東洋が一方的に偏狭なしに描写されていい。ただし、ダライラマの教師となったハインリッヒのパターンが、未開国の王や王子を開発に導く一つの型に入っているのが少々臭い。もっと西洋人としての東洋に触れた人生観のゆれ動きに焦点を当てるべきか。中共軍のチベット征服に、殺戮をもって、宗教は毒として蹂躙する描写が凄まじい。これと対照的に少年のダライラマ（ネパールの少年）の清浄な可愛らしさが効果を挙げている。

かつて、東京の中国大使館で「チベット」の映画をみせるというので出かけたら、なんのことはない、中国はこんなによくチベットを開発し、よく治めているのだという宣伝映画で、がっかりしたことを思い出した。

平成十年一月

一月二日。背中に烈痛が走るようになってから、劇場は敬遠するようになった。ＮＨＫ

教育放送。イラン映画『鍵』をみる。映画が生まれたての頃をみるような素朴な作品で、一室内の少年の密室で鍵をいかにして探し取り出すかという動きが、退屈でないのはなになんだろう。それに較べてこの頃のTVドラマのつくりすぎた退屈さはいったいなんなのであろうか。考えさせられる映画だ。

「新春檜舞台」。富十郎の『茨木』。あまり出来がよくない。凄みと松羽目物の格調に欠ける。

夜。歌舞伎座の初芝居生中継。孝夫改め十五代目仁左衛門襲名披露の『吉田屋』。こういう行事のときは、賑やかに大がかりで省略すべきではなかろう。かぶきが難しいのは、こうした上方狂言の柔らか味一つで保つ舞台で、いままでかつて満足いくようなものをみたことがない。新仁左衛門に、大店のボンボンという、俗人より抜けた大きさ、柔らか味がまだ不足である。人工的である。六代目菊五郎のもみたが、もっと人工的な強引に自分に引きつけた演技でかんばしくはなかった。相手の故梅玉が布団のないところの演技は苦しかった。故勘三郎のも、ややこせつく。こうした元禄の駘蕩の風は、今日のかぶきではもっとも難しくなってきている。

『曽我対面』。まあ最低の対面。気力の入っていないことおびただしい。かくしてかぶきは落ちてゆくのか。田之助の虎の立派な格と、秀太郎の舞鶴の活躍だけ。富十郎の工藤、梅玉の十郎、我當の五郎、型通りということだけで気が高揚していない。下座が立たない。

この「帚木抄」は劇評しているつもりはない。たんなる日記の感想文であるから、やや感情が剝き出しである。美味とか、まずいというだけである。当否は関するところでない。

一月七日。朝日新聞、『歩く』インタビュー。

一月十日。「文藝春秋」二月号に愚稿「北帰行」随筆欄に掲載。

一月二十九日。吉村雄輝（七十四歳）逝く。たびたび新潟の市山家の舞踏会でいっしょになることがあった。聞きしにまさる陽気な大酒で、夜中に帰泊することもあった。なんといっても上方舞の第一人者で、脂ののっているときの艶は、だれも真似手がなかった。息子のピーターとは小沢昭一のしゃぼん玉座「わいわい天王」で主役をしてもらったことがある。ただ一度の国立の市山の会の小生の「義経」も雄輝師は手にとらんばかりに声援してくれた。

このところ、前後して知己が逝く。十二月十三日の結城雪斎（十代目孫三郎、九十歳）。戦後、品川の中学校で、久しぶりに糸操りをみられるというので駆けつけたことがある。晩年は新作をしきりに上演したが、やはり学生の頃、上野の鈴本でみた『櫓のお七』や『朝顔』の「大井川」などの古典物が懐かしい。

一月十日。伊藤久雄（七十五歳）。温厚な人で、この方も衣裳のことで世話になって懐かしい。一月十二日には、浪曲研究家として篤志な芝清之（七十四歳）が亡くなった。「月刊浪曲」は、貴重な文献となって残された。浅草の木馬亭を一度お訪ねしようと思っていたが、ついに果たせなかった。

一月三十日。武内昭二の札幌市民芸術賞に出席。後楽園ホテル。

二月

二月二日。菱川医院点滴。

久しぶりで、NHKで『シャーロック・ホームズの冒険』をみた。このシリーズのみるに耐えるのは、木目の細かい美術的配慮にみるべきものがあるからで、毎晩消却して、二度とみる必要のない作品とちがうところである。室内の凝った意匠と、霧深い風土を対照して変化があり、殺人の現場で、小鳥の声がして林の感じを出し、馬車の轍の音で石畳の古い町の感じを出し、薄幸な婦人が霧の窓にちらっと顔をみせるところでは、枯れ葉を二、三散らすなど細やかな配慮を忘れていない点などである。二代目のホームズが椅子にかけるとき燕尾服をはね上げるなどイギリスの風習もあざやかで、江戸っ子風ですらある。

節分の床飾りに古山師政の描いた、二代目市川団十郎の「天拝山の菅公」の肉筆を飾ってみた。二代目は、原作上演の翌年五月にかぶきに移し、雷神の荒事の菅公を演じている。他は中村七三郎である。梅のすわえを振り上げ、討手の首を討落としたところで火炎文様の下着を肌脱ぎ、紅隈で、古怪の味がいいので手に入れておいた。四代目も宝暦六年に演じている。

二月五日。津軽三味線の高橋竹山（八十七歳）が死去した。独自の三味線の世界を拓いた。

いったい、邦楽は楽譜というものがない。みな一流が独特の節を創立して出すものである。したがって、二流、三流がその跡を追って流派ができたのである。民謡の世界で三味線の独歩を進めたのは、津軽の「ぼさま」たちである。これらは乞食芸といわれ、かつて大道で弾き流しをした筵の上の芸だったので、われわれの子供のときの想い出がある。

同じ日、武原はん（九十五歳）昭和の一世を風靡した名花逝く。さながら歌麿の浮世絵が動き出した魅力があった。一瞬の芸であった。研究心の厚いことは、浮世絵展でよくお目にかかった。

二月九日。札幌の「かでる2・7」で二日間『歩く』の公演が始まる。

最後に劇場へ足を運ばせることが困難になったので、「帚木抄」はこれで切り上げることにする。

「邦楽と舞踊」一九九七年三月号〜一九九八年三月号

本書は、一九九八年に刊行した『歩く』（初版）に、あらたに「江戸の発想」「かぶきと能の変身・変化」「かぶき演出のなかの儀礼」「見せるものではない盆踊」「ある秋の日の対話（インタビュー）」を収録した「増補改訂版」です。

郡司正勝◎ぐんじ・まさかつ
一九一三年北海道札幌市生まれ。早稲田大学文学部卒業。早稲田大学演劇博物館員、講師、助教授、教授をへて退職。名誉教授。古典芸能、ことに歌舞伎に造詣が深く、独自の日本芸能学を樹立。一九六三年より歌舞伎の演出、監修に携わり、「郡司かぶき」といわれる数々の名作を世に問うた。一九九八年札幌にて死去。享年八十四。
主著に、『郡司正勝刪定集』（全六巻、第五回和辻哲郎賞）、『かぶき―様式と伝承』『かぶきの發想』『おどりの美学』『童子考』『鶴屋南北』『芸能の足跡　郡司正勝遺稿集』ほか多数。

歩く　増補改訂版

一九九八年十月十一日　初版第一刷発行
二〇一六年七月　一　日　増補改訂版第一刷発行

著　者　郡司正勝
発行者　上野勇治
発　行　港の人
神奈川県鎌倉市由比ガ浜三－一一－四九
〒二四八－〇〇一四
電話〇四六七（六〇）一三七四
ファックス〇四六七（六〇）一三七五
http://www.minatonohito.jp

印刷製本　シナノ印刷

ISBN978-4-89629-315-9